생활 속에 올올이 꽃피는 자수

Embroidery

생활 속에 올올이 꽃피는 자수

2013년 2월 25일 1쇄 발행
2016년 2월 22일 2쇄 발행

지은이　김정호 · 이미석 · 김혜정

편집　이미석
디자인　오희석
삽화　김혜정
사진　김혜정

펴낸곳　한남대학교 출판부 (글누리)
주소　34430 대전광역시 대덕구 한남로 70
전화　042-629-7536
팩스　042-629-7264

ISBN　978-89-7066-335-7 03630
가격　35,000원

생활 속에 올올이 꽃피는 가수

우리 꽃과 우리문양

김정호 · 이미석 · 김혜정

글누리
HNU

머리말

생활 속에 올올이 꽃피는 자수를 내면서...

자수는 여러 가지 색실과 바늘을 사용하여 한 땀 한 땀 놓아서 여러 가지 무늬를 장식하는 것을 말한다. 자수(刺繡)의 '자(刺)'는 바늘땀 또는 천의 올에 바늘을 꽂는 것을 말하며, '수(繡)'는 색실로 그림, 글자 등을 바늘로 떠서 놓는 일을 말한다.

우리의 전통자수는 자연 형태를 바탕으로 섬세하고 우아한 아름다움을 표현하여 독특한 예술성을 나타냈으며, 주로 여성들에 의하여 전승되어 내려오면서 그들의 가정 교육과 정서 함양에 중요한 역할을 해왔다.

전통자수는 수놓는 기능 습득 및 제작에 많은 시간과 노력이 요구되고 재료구입이나 준비가 어렵기 때문에 일반 대중으로부터 멀어져 갔고, 전통자수하면 어렵고 힘들게만 느껴져 선뜻 다가서지 못했던 것이 사실이다.

오늘날의 자수는 용도와 기능에 따라 다양하게 발전하여 조형예술의 한 분야로 자리잡고 있다. 최근에는 전통적인 멋을 살리면서도 그 형식에서는 벗어나 현대감각에 맞게 수를 놓기도 하며, 다양한 소재와 형태, 색채, 기법을 사용하여 추상적인 표현을 하기도 한다.

요즘은 특히 생활자수, 실용자수, 야생화자수 등으로 불리우며 실용적으로 생활에서 활용할 수 있는 자수가 주목을 받으면서, 면사를 이용하여 무명, 광목, 린넨 등에 수를 놓아 실생활에서 활용할 수 있는 자수가 많은 사람들에게 사랑을 받고 있다.

우리 꽃이나 우리 전통문양을 수놓아 만든 찻잔 받침이나 차도구 덮개, 행주, 앞치마, 쿠션, 방석 등의 실생활 용품들은 세탁이 가능하여 실용적이다.

이러한 시점에서 많은 사람들이 우리의 전통자수기법을 쉽게 생활 속에서 활용할 수 있기를 바라는 마음에서 '생활 속에 올올이 꽃피는 자수' 라는 책을 내게 되었다.

이 책에서는 실용적인 면사를 이용하여 우리의 전통자수기법으로 우리 꽃과 우리 문양을 수놓는 방법을 상세한 사진과 함께 설명하고 있다.
이 책의 특징은 자수에 관심있는 초보자들도 쉽게 따라 할 수 있도록, 그리고 가르치는 사람들은 교재로 활용할 수 있도록, 첫장에는 기초 자수기법 한두 가지를 이용해서 놓을 수 있는 간단한 도안으로부터, 뒷장으로 갈수록 점차 실력을 키워 나갈 수 있도록 여러 가지 자수기법이 이용되는 도안을 실었다.
또한 저자가 직접 도안을 그리고 직접 수를 놓으면서 사진을 찍어 자세한 자수기법과 실색상 번호, 세부사진을 넣어 쉽게 이해할 수 있도록 하였다. 자수기법 용어에 있어서도 외국어로 되어 있는 용어들은 우리말과 함께 쉽게 풀어 정리했다.

이 책을 통해 수놓는 일이 즐거운 사람들, 그리고 수를 놓아 즐거워질 수 있는 사람들과 많이 만나게 되길 바라는 마음이다. 더 나아가 자수라는 느린 바느질 작업이 여유없는 현대생활 속의 따뜻한 안식처로 이어지길 바란다.

2013년 1월

김정숙 · 이미석 · 김혜정

목차

I. 자수 기초

1. 바느질 도구 _ 14

2. 기초 바느질 _ 17

3. 자수 놓기 _ 23

II. 우리 꽃 자수

1. 노루귀 _ 28

2. 보풀 _ 32

3. 미치광이풀 _ 36

4. 참나물 _ 40

5. 쑥부쟁이 _ 44

6. 하늘말나리 _ 48

7. 꿩의바람꽃 _ 52

8. 연잎꿩다리 _ 56

9. 삼백초 _ 60

10. 딱지꽃 _ 64

11. 고들빼기 _ 70

12. 금불초 _ 74

13. 물옥잠 _ 78

14. 유채 _ 82

15. 제비꽃 _ 86

16. 고마리 _ 90

17. 이삭여뀌 _ 94

18. 큰꽃으아리 _ 98

19. 꽈리 _ 102

20. 개망초 _ 106

21. 산부추 _ 110

22. 벌개미취 _ 114

23. 조개풀 _ 118

24. 도깨비바늘 _ 122

25. 약모밀 _ 126

26. 바위취 _ 130

27. 마타리 _ 134

28. 홀아비꽃대 _ 138

29. 질경이 _ 142

30. 엉겅퀴 _ 146

31. 술패랭이 _ 150

Ⅲ. 우리 문양 자수

1. 나비 · 박쥐문

나비문 _ 156

박쥐문 _ 156

2. 화병문

화병문 1 _ 166

화병문 2 _ 170

3. 모란문

모란문 1 _ 174

모란문 2 _ 178

4. 연화문

연화문 1 _ 182

연화문 2 _ 182

연화문 3 _ 182

5. 추상문

추상문 1 _ 194

추상문 2 _ 194

6. 매화 · 학 · 길상어문

매화문 _ 202

학문 _ 202

길상어문 _ 202

7. 국화문

국화문 _ 216

8. 화조도

화조도 1 _ 220

화조도 2 _ 224

화조도 3 _ 228

화조도 4 _ 232

화조도 5 _ 236

刺繡

Embroidery

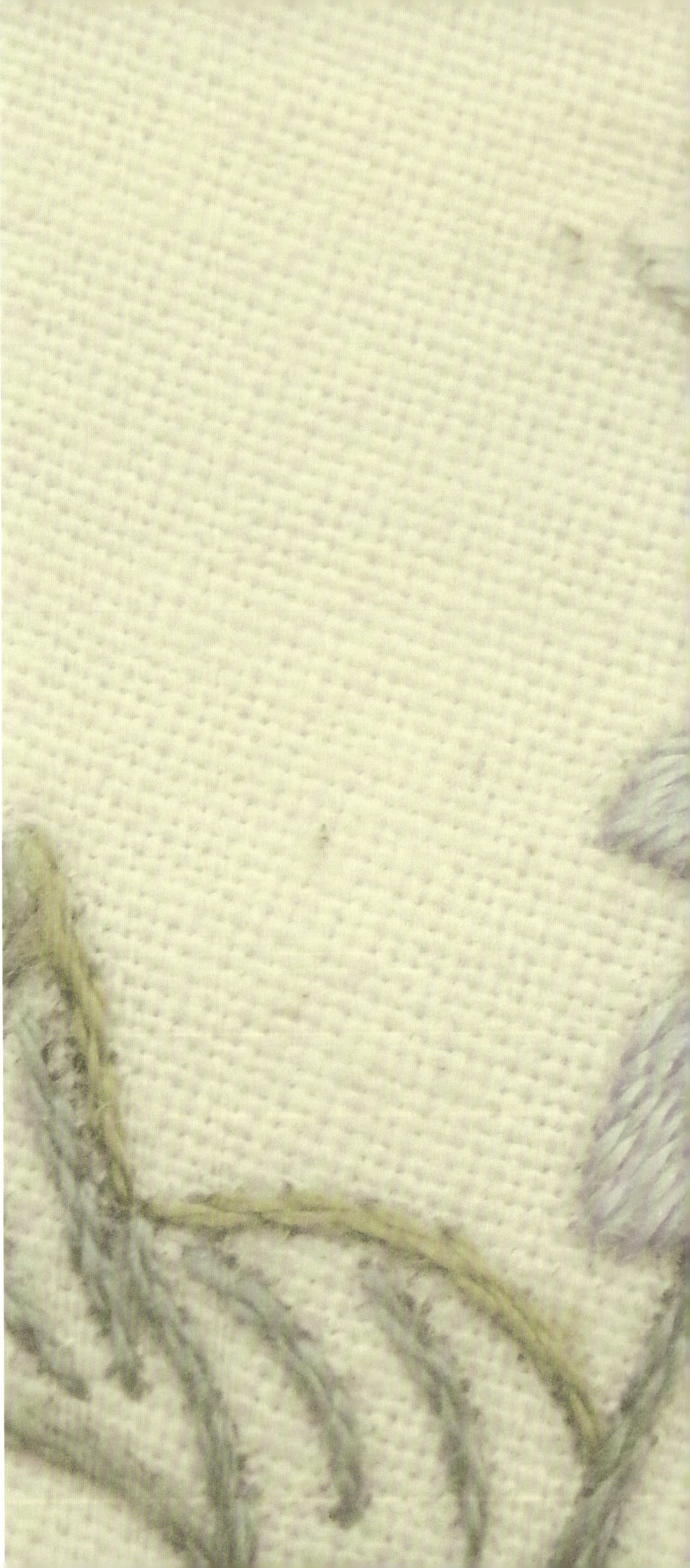

I

자수 기초

Embroidery

1. 바느질 도구

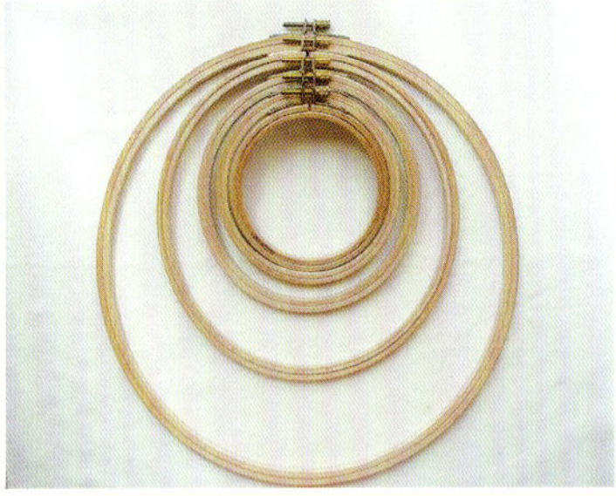

1) 수틀

2개의 둥근틀 사이에 바탕천을 끼워 팽팽해지도록 당겨가며 나사를 조여 고정시켜 사용하는데, 도안의 크기에 따라 수틀 크기를 다양하게 선택할 수 있다. 일반적으로 지름 20㎝~30㎝의 수틀을 사용하면 좋다.

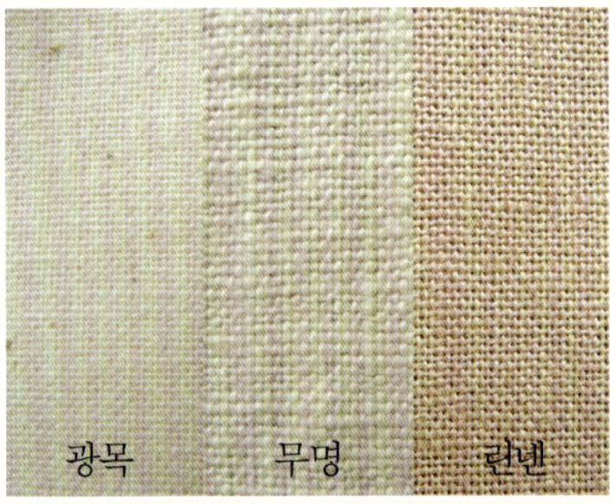

2) 천

생활자수에 사용하는 천은 세탁이 용이하고 삶을 수 있는 면·마직물을 사용하는 것이 좋다.

광목 | 20~30수의 광목을 사용한다. 워싱광목이나 세탁을 한 후에 사용하는 것이 좋다.

무명 | 중간 두께의 무명을 사용하는 것이 좋다. 마찰에 의해 보풀이 생길 수 있으니 유의한다.

린넨 | 마에서 추출한 천연섬유로 일반적으로 자수에 사용하는 린넨은 면과 혼용된 것으로 20~30수 정도의 두께를 사용하는 것이 좋다. 스판기가 없는 것을 사용하는 것이 좋다.

3) 실

생활자수에 사용하는 실은 세탁이 용이하고 삶을 수 있는 면사를 사용한다. 실을 구입할 때는 실의 한 가지 색상에 대해 3~5단계의 색을 선택하여, 사물의 자연스러운 색상을 표현할 수 있도록 한다.
이 책에서는 DMC25번 실(면사)을 사용하였다.
DMC25번 실은 한 줄에 6올씩 되어 있으며, 실을 사용할 때는 알맞은 길이로 자른 후, 용도에 따라 1올씩 또는 2올씩 빼서 사용한다.

4) 바늘

실의 올 수와 표현하는 기법에 따라 바늘을 선택한다. 자련수와 같이 섬세한 표현기법에는 가는 바늘이 편리하다. 손바늘의 호수는 숫자가 클수록 가늘다. 일반적으로 4~6호의 바늘을 사용한다.

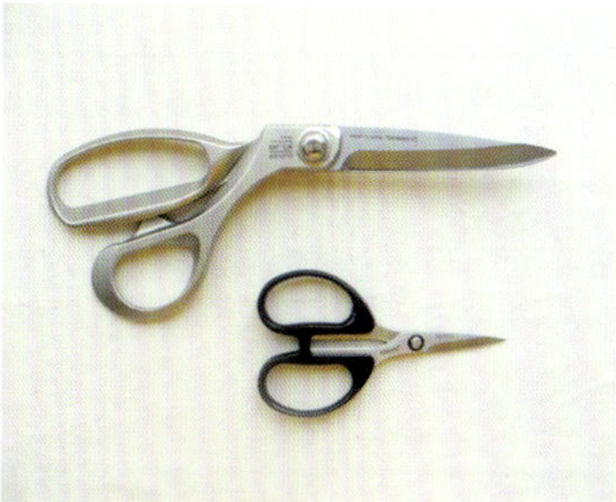

5) 가위

수놓을 천을 자를 때는 재단용 가위를 사용하는 것이 좋으며, 자수용 가위는 끝이 뾰족하며 가윗날의 길이가 짧은 것이 좋다.

6) 먹지

도안을 바탕천에 옮겨 그릴 때 사용하며 바탕천 색과 구별되는 것을 사용하는 것이 좋다. 짙은색의 먹지는 천에 묻어 날 수가 있으므로 신문지 등으로 살짝 닦아 사용한다.

7) 트레이싱지

도안을 옮겨 그리거나 도안을 수정하여 도안화할 때 사용한다.

8) 색볼펜

바탕천에 먹지를 대고 도안을 그릴 때 사용한다. 도안의 선색과 다른 색을 선택해야 도안을 빼놓지 않고 모두 그렸는지 확인할 수 있다.

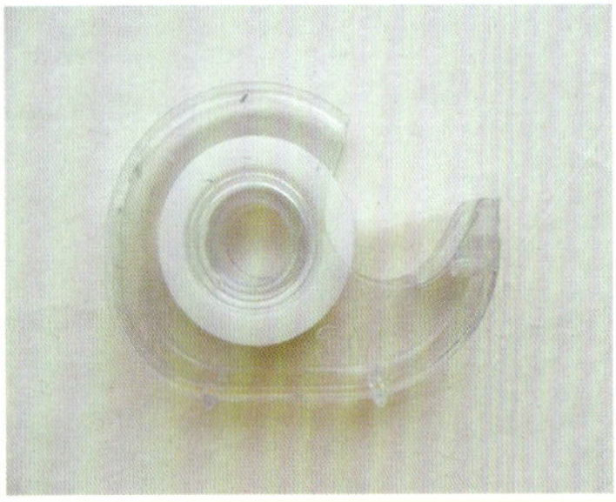

9) 테이프

바탕천에 도안을 옮겨 그릴 때 도안지를 바탕천에 고정할 때 사용한다. 끈적임이 덜한 것을 사용하는 것이 좋다.

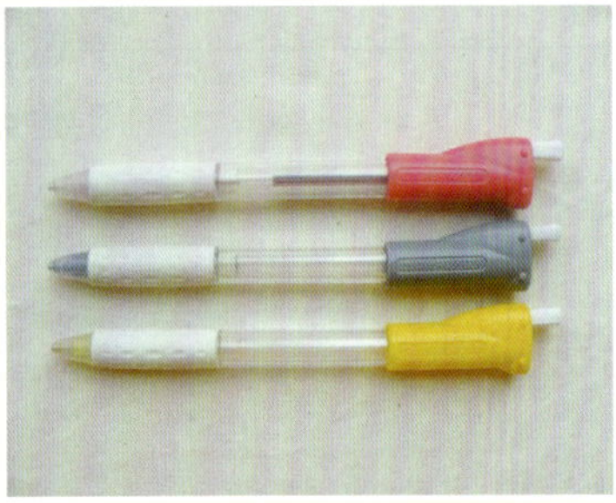

10) 펜쵸크

바탕천에 그린 도안이 지워지거나 직접 수정할 때 사용한다.

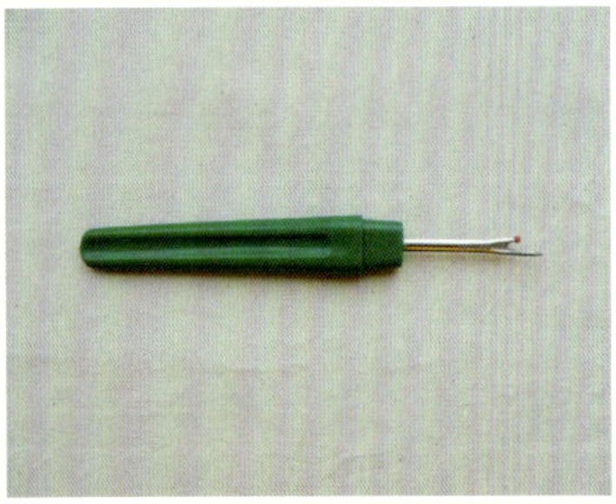

11) 실뜯개

수를 잘못 놓아 뜯을 때 사용하는 것으로, 사용시 원단이 상하지 않게 유의한다.

2. 기초 바느질

1) 이음수(Outline stitch, 아우트라인 스티치)

선을 표현하는 기본적인 수법으로 잎의 줄기, 나뭇가지, 윤곽선 등에 사용한다.
바늘땀의 길이에 따라 굵기가 다르게 표현된다. 한줄세우기, 두줄세우기, 세줄세우기가 있다.

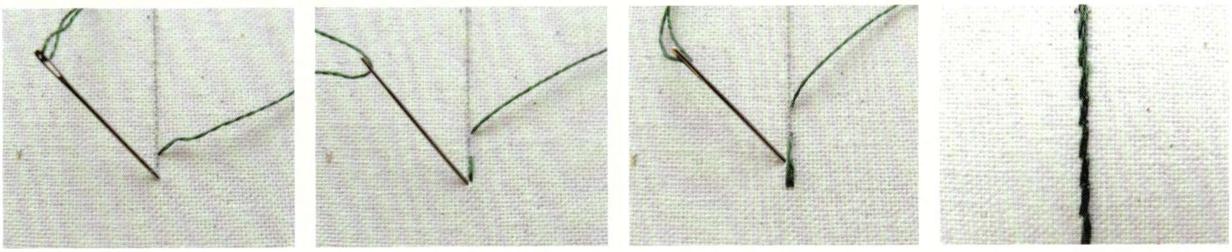

2) 박음질수(Back stitch, 백 스티치)

박음질과 같은 수법으로 잎의 줄기, 나뭇가지, 윤곽선 등에 사용한다.

3) 홈질수(Running stitch, 러닝 스티치)

일정한 간격을 두고 놓는 수법이다. 앞면과 뒷면의 바늘땀 간격이 일정하게 놓는다.

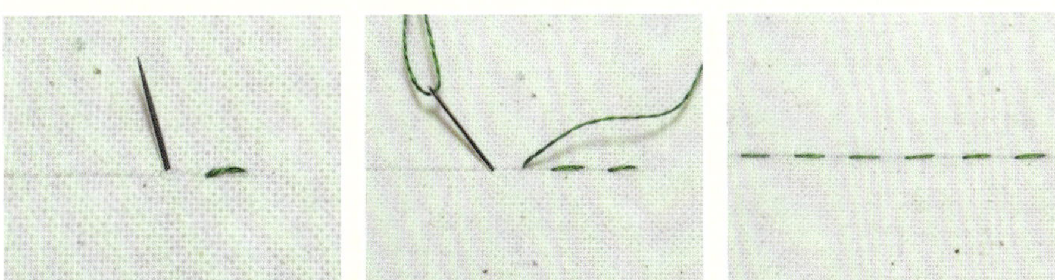

4) 직선수(Straight stitch, 스트레이트 스티치)

필요한 길이 만큼을 직선으로 수를 놓는 기법이다.

5) 징금수(Couching stitch, 카우칭 스티치)

실을 한 손으로 잡고 다른 실로 잡은 실을 징궈주는 수법으로 선을 표현하거나 면을 메우는 데 사용한다.

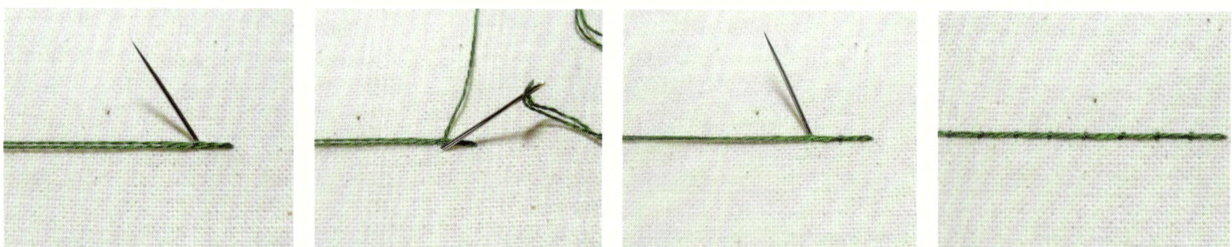

6) 평수(Satin stitch, 새틴 스티치)

실을 간격없이 고르게 놓는 수법으로 작은 꽃, 열매, 잎사귀 등 작은 면을 메울 때 사용한다.
사선평수, 수직평수, 수평평수가 있다.

· 수평평수 | 사각형 형태의 면을 메꿀 때에는 처음부터 수평으로 메꿔 나간다.

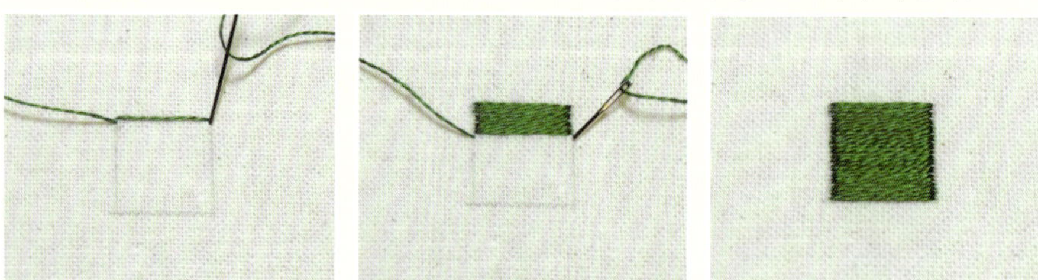

· 수직평수 | 사각형 형태의 면을 메꿀 때에는 처음부터 수직으로 메꿔 나간다.

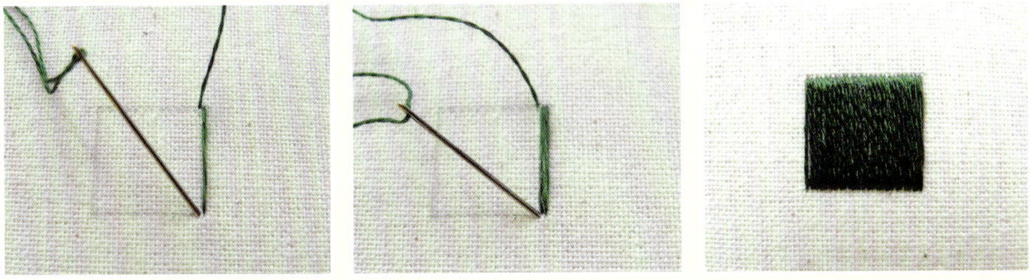

· 수직평수 | 원의 면을 메꿀 때에는 중앙에서 시작하여 좌우 수직으로 메꿔 나간다.

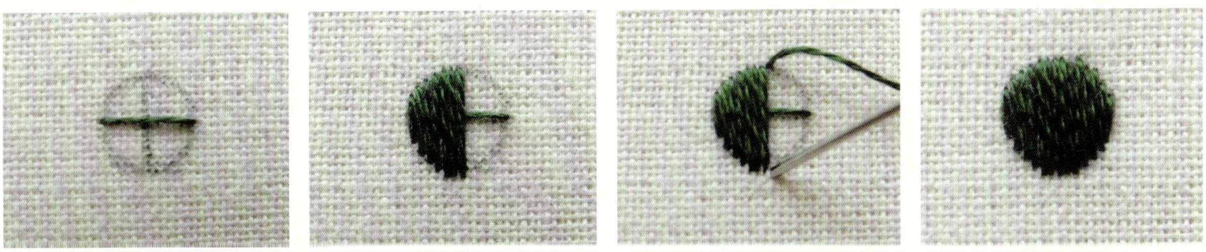

· 사선평수 | 중앙에서 시작하여 좌우 사선으로 메꿔 나간다.

7) 사슬수(Chain stitch, 체인 스티치)

사슬 모양의 수법으로 굵고 부드러운 선을 표현할 때 사용한다.

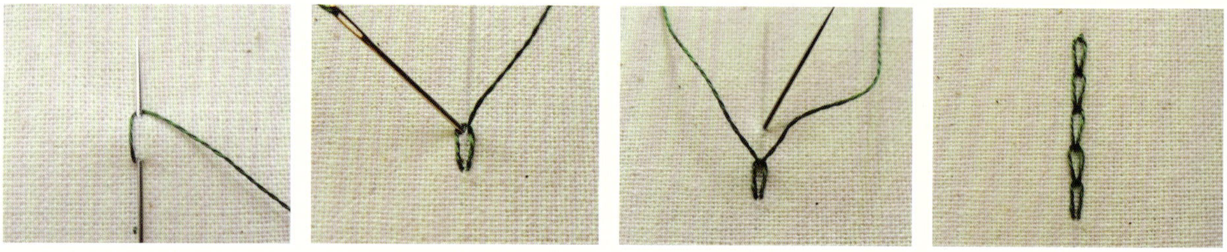

8) 꽃잎수(Lazy daisy stitch, 레이지 데이지 스티치)

사슬수를 한 개씩 놓고 고리를 징궈주는 수법으로 꽃잎이나 나뭇잎을 수놓을 때 사용한다.

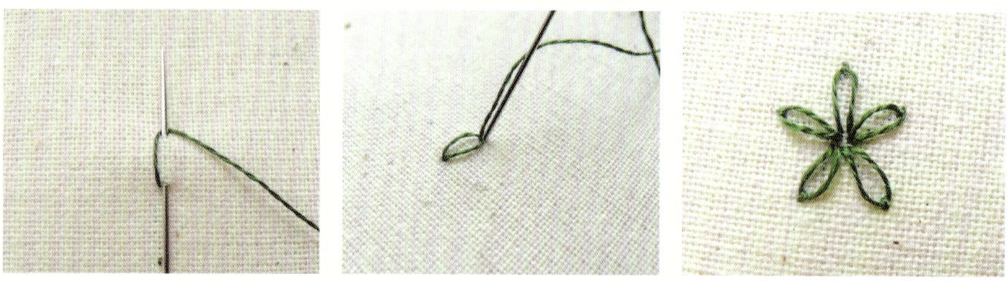

9) 씨앗수(French knot stitch, 프렌치 너트 스티치)

바늘에 실을 감아 꽂은 후 매듭을 만드는 수법으로 꽃의 씨앗을 표현할 때 주로 쓴다.
실을 감는 횟수에 따라 크기를 조절한다.

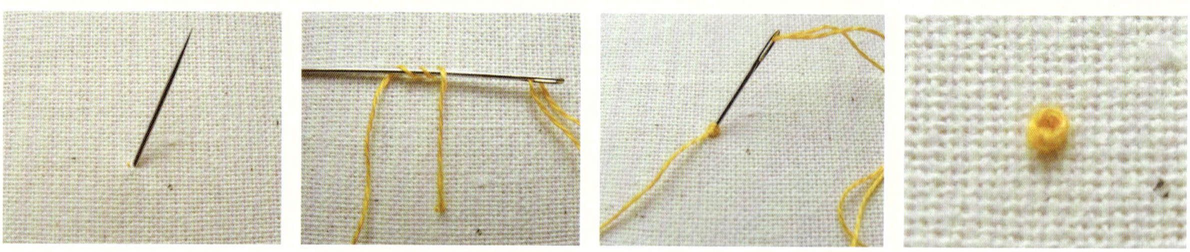

10) 말아감기수(Bullion rose stitch, 불리온 로즈 스티치)

바늘에 실을 여러 번 감아 뺀 후 징궈주는 수법으로, 이를 반복해 꽃잎처럼 에워싸면 장미꽃 효과를 낼 수 있다.

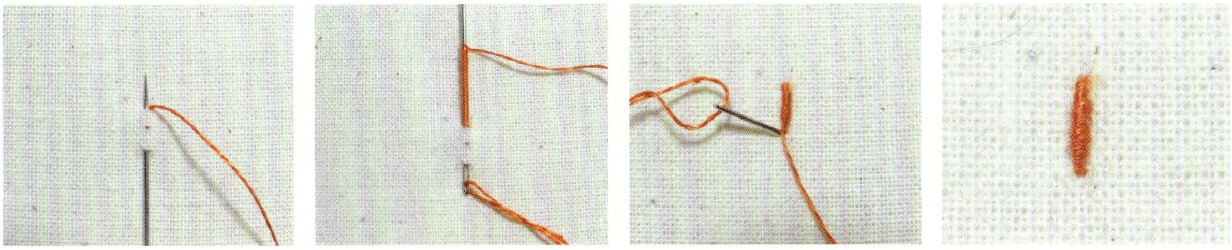

11) Y자수(Fly stitch, 플라이 스티치)

Y자 모양을 놓는 수법으로 징궈주는 위치에 따라 길이를 조절한다.
나뭇잎을 수놓을 때 잎맥을 동시에 표현할 수 있다.

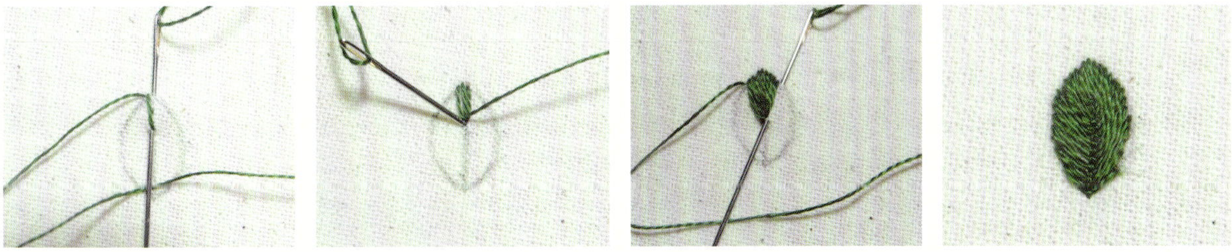

12) 속수(Pad stitch, 패드 스티치)

평수로 면을 채우거나, 테두리의 안쪽 가까이에 이음수를 놓은 후 겉수를 놓으면 입체감을 나타낼 수 있다.
꽃잎이나 나뭇잎 등 입체감을 표현하기 위한 수법이다.

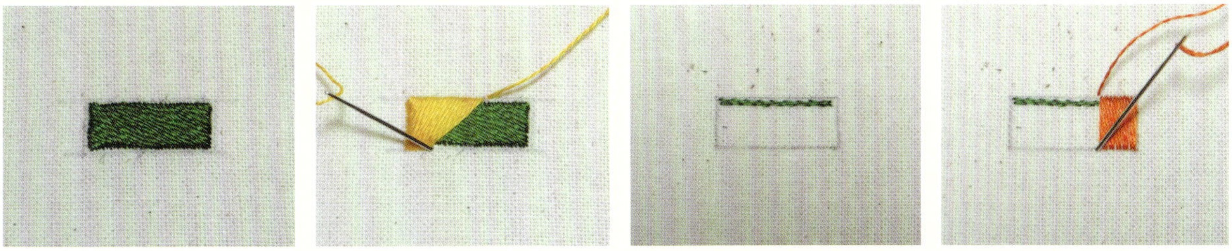

13) 가름수(Leaf stitch, 리프 스티치)

잎맥을 중심으로 양쪽을 사선으로 대칭이 되게 놓는 수법으로 나뭇잎을 표현할 때 사용한다.

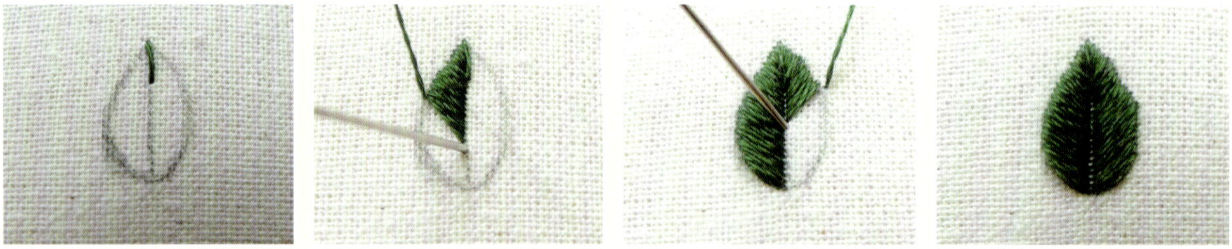

14) 자련수(Long & Short stitch, 롱 앤 쇼트 스티치)

명암을 살려 사실적으로 정밀하게 표현하는 수법으로 꽃잎과 나뭇잎 등에 사용한다. 긴 땀과 짧은 땀을 번갈아 수를 놓으며 무늬에 따라 선의 길이와 각도를 조절한다.

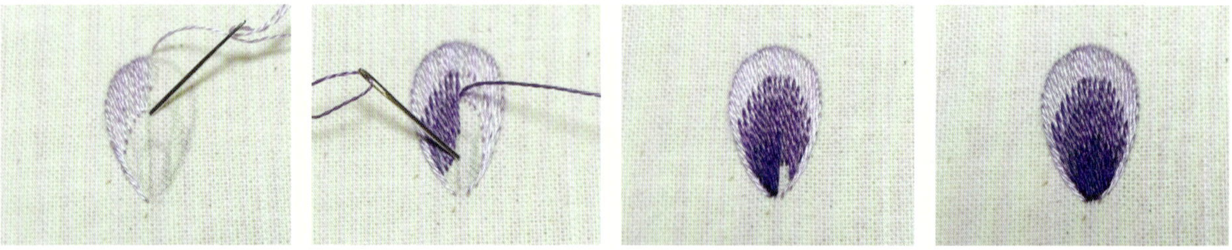

15) 자릿수(Brick stitch, 브릭 스티치)

돗자리의 무늬처럼 표현되는 기법으로 넓은 면을 채우는 데 사용한다. 수직방향으로 긴 땀과 짧은 땀을 놓고 그 다음 줄에는 긴 땀의 길이와 같은 길이의 땀을 놓고 마지막 줄은 짧은 땀을 놓는다.

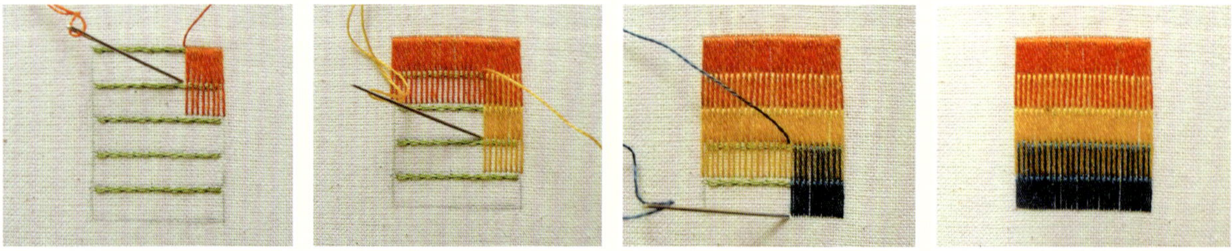

3. 자수 놓기

자수 놓기에 있어서 가장 중요한 것은 조화로운 실 색상 선택과 도안에 맞는 자수기법 선택 그리고 수결 방향에 맞게 수를 놓는 것이다.

· 수놓을 천에 도안을 놓고 테이프로 고정시킨다.

· 천 색깔과 구별되는 먹지를 천과 도안 사이에 놓는다.

· 색볼펜으로 도안을 빠짐없이 그린다. 손의 힘을 조절하여 너무 진하거나 흐리게 그려지지 않도록 한다. 도안을 옮긴 후에는 빠진 부분이 있는지 반드시 확인한 후 떼어내도록 한다.

· 식서가 틀어지지 않도록 수틀 사이에 천을 끼운 후 나사를 조여가며 천을 팽팽하게 당기면서 고정시킨다.

· 실 색상을 선택한다.
실 색상은 3~5단계로 선택하여 자연스럽게 표현한다.

· 도안에 알맞은 자수기법을 선택하여 수를 놓는다.

이 책에서 사용된 실 색상 번호

자수 놓기를 처음 시작할 때는 실 색상을 어떻게 선택하여 구입해야 할지 난감할 때가 많다. 처음 자수를 놓기 위해 실을 구입해야 하는 경우라면 이 책의 자수 놓기에 사용된 아래 실 색상 번호를 참조하도록 한다. 이 책에서는 DMC25번 실(면사)을 사용하였다.

흰색 계열	BLANC(white), 3865
노랑 계열	444, 445, 725, 726, 727, 742, 743, 744, 745, 746, 972, 3078
분홍 계열	151, 315, 316, 601, 602, 603, 604, 605, 818, 917, 948, 961, 962, 3326, 3607, 3608, 3609, 3685, 3687, 3688, 3689, 3731, 3733, 3831, 3832, 3833
빨강 계열	221, 223, 224, 225, 321, 355, 720, 721, 722, 814, 815, 3340, 3341, 3712, 3713, 3721, 3771, 3772, 3776, 3777, 3778, 3779, 3828, 3830, 3857, 3858
보라 계열	153, 155, 208, 209, 210, 211, 327, 550, 552, 553, 554, 3041, 3042, 3835, 3836, 3837
갈색 계열	400, 420, 422, 433, 434, 435, 451, 452, 453, 612, 613, 632, 640, 645, 829, 830, 831, 832, 839, 840, 841, 842, 869, 967, 3031, 3032, 3033, 3045, 3046, 3047, 3781, 3787, 3826, 3828, 3829, 3863
파랑 계열	156, 157, 158, 159, 160, 161, 162, 340, 341, 517, 518, 519, 793, 794, 798, 799, 800, 806, 807, 809, 813, 823, 3746, 3747, 3765, 3766, 3768, 3799, 3838, 3839, 3840, 3841
녹색 계열	163, 319, 320, 367, 368, 369, 370, 371, 372, 469, 470, 471, 472, 500, 501, 502, 503, 504, 505, 520, 522, 523, 524, 561, 562, 563, 564, 580, 581, 730, 731, 772, 935, 936, 937, 986, 987, 988, 989, 3011, 3012, 3013, 3022, 3051, 3052, 3053, 3345, 3346, 3347, 3348, 3362, 3363, 3364, 3808, 3809, 3810, 3811, 3819
검정 계열	310

刺繡

Embroidery

II

우리 꽃 자수

Embroidery

노루귀 *Hepatica asiatica* Nakai

노루귀는 미나리아재비과 여러해살이풀로 2~4월에 흰색, 분홍색, 청색의 꽃이 피며 잎은 없다.
야생에는 붉거나 보라색의 노루귀도 있다.
잎사귀가 노루의 귀를 닮았다 하여 붙여진 이름이며, 꽃말은 '인내' 다.

세부사진

자수기법
실번호

실번호 _ 745, 3347, 155, 550, 3012, 370, 832

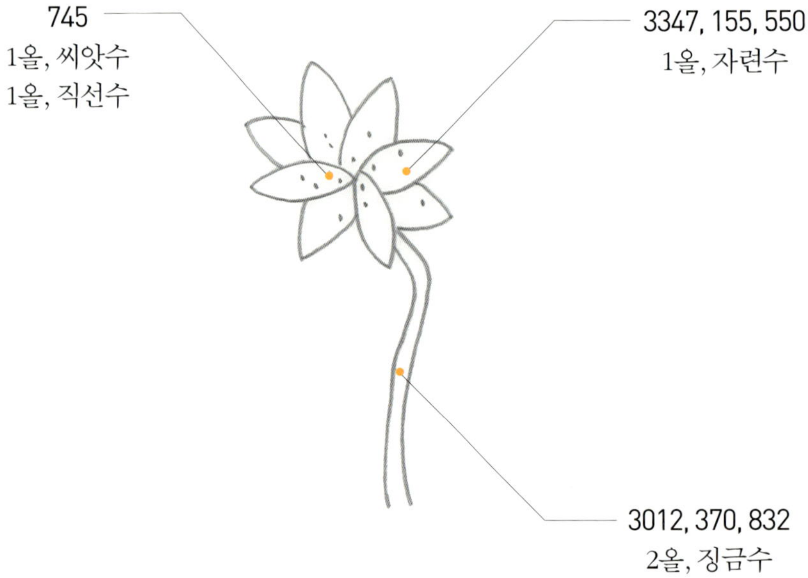

노루귀 도안

보풀 *Sagittaria aginashi* Makino

보풀은 택사과 여러해살이풀로 7~9월에 흰색의 꽃이 층층이 핀다.
유사한 꽃으로 벗풀과 소귀나물이 있다. 보풀의 잎은 화살처럼 길고 좁으며 벗풀의 잎은 보풀에 비해 넓고 소귀나물은 벗풀의 잎보다 넓다. 꽃말은 '신뢰' 다.

세부사진

자수기법 실번호

실번호 _ 163, 743, 3771, 3828, 3777

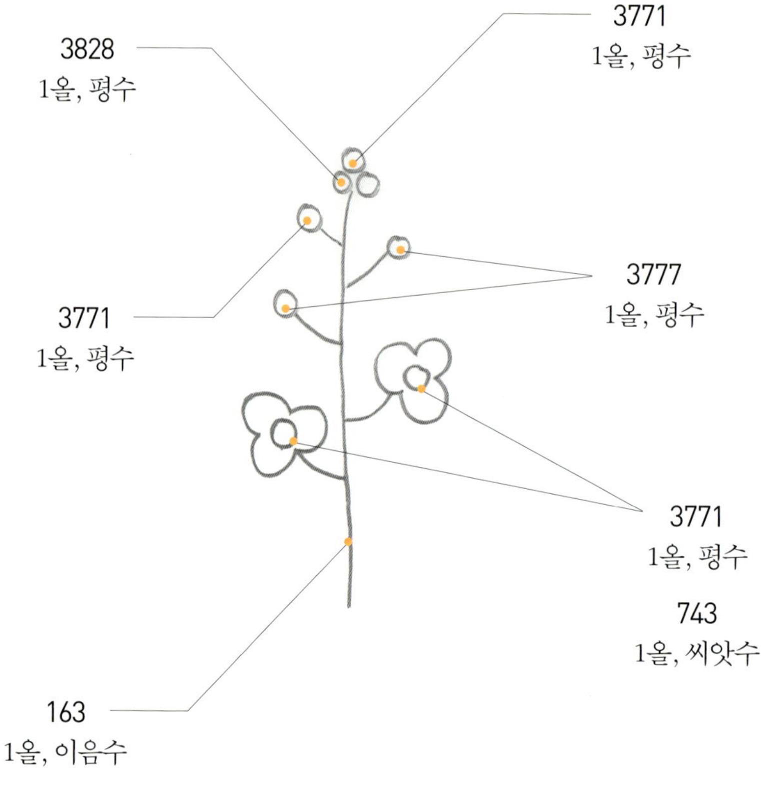

보풀 도안

미치광이풀 *Scopolia japonica* Maxim.

미치광이풀은 가지과 여러해살이풀로 4~5월에 짙은 보라색의 꽃이 핀다.
소가 잘못 먹으면 미친 듯 날뛰다가 죽는다고 해서 붙은 이름이며, '초우성', '미친풀', '독뿌리풀', '광대작약' 등으로도 불러진다.

세부사진

자수기법
실번호

실번호 _ 470, 367, 225, 602

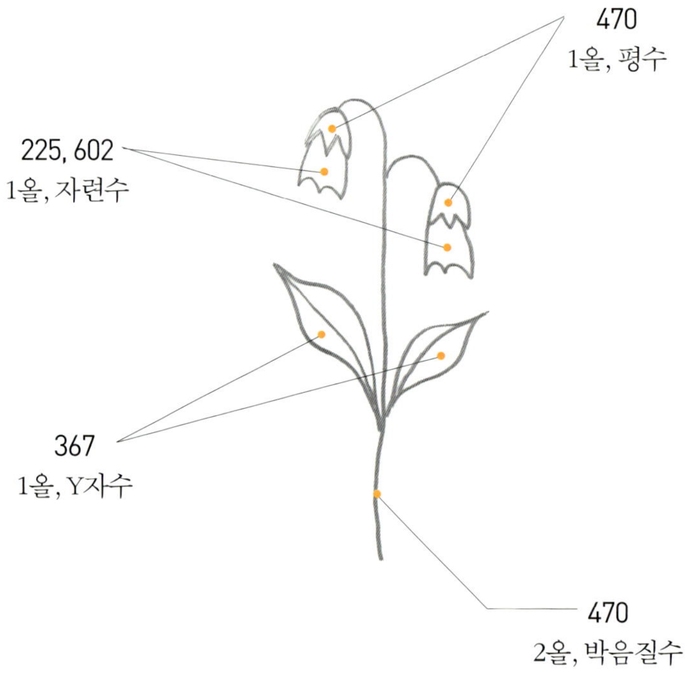

미치광이풀 도안

참나물 *Pimpinella brachycarpa* (Kom.) Nakai

참나물은 미나리과 여러해살이풀로 6~8월에 흰색의 꽃이 줄기나 가지 끝에 핀다.
참나물은 쌉쌀하고 새콤한 맛이 있어 봄철 입맛을 돋구는 나물 중 하나이다.

세부사진

자수기법
실번호

실번호 _ 471, 3364, 520, 743, 745

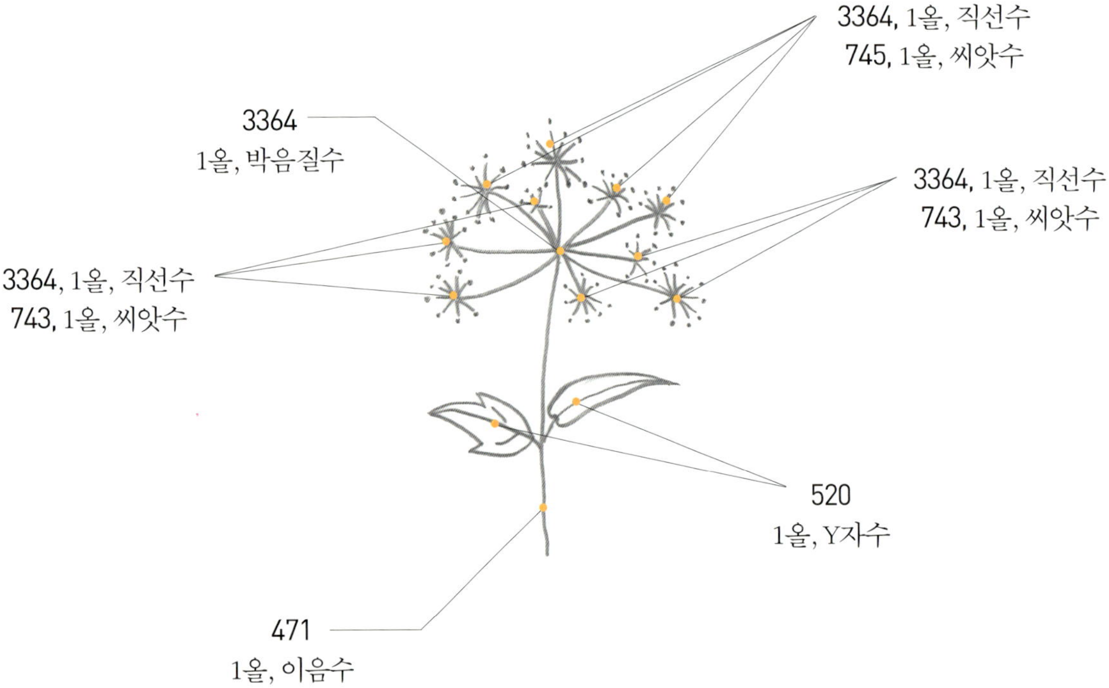

참나물 도안

쑥부쟁이 *Aster yomena* (Kitam.) Honda

쑥부쟁이는 국화과 여러해살이풀로 7~10월 연보라색의 꽃이 핀다.

먼 옛날 가난한 대장장이와 그의 딸들이 살았는데 대장장이의 맏딸은 봄이 되면 쑥을 캐러 다녔다. 마을사람들은 대장장이(불쟁이)의 딸이 쑥을 캔다하여 그의 맏딸을 쑥부쟁이라고 불렀다. 어느 봄날 쑥부쟁이는 깊은 산속에서 위험에 처한 청년을 구해주었고 그 인연으로 사랑에 빠지게 되었는데 그 청년은 고향에 다녀오겠다며 떠나지만 돌아오지 않았다. 청년을 기다리던 쑥부쟁이는 청년을 기다리다 절벽에서 떨어져 죽고 말았다. 그녀가 죽은 자리에 이름 모를 꽃이 피기 시작하였는데 사람들은 그 꽃을 쑥부쟁이라 불렀다. 쑥부쟁이의 꽃말은 '그리움', '기다림', '인내' 다.

세부사진

자수기법 실번호

실번호 _ 370, 730, 367, 726, 208, 210, 3607

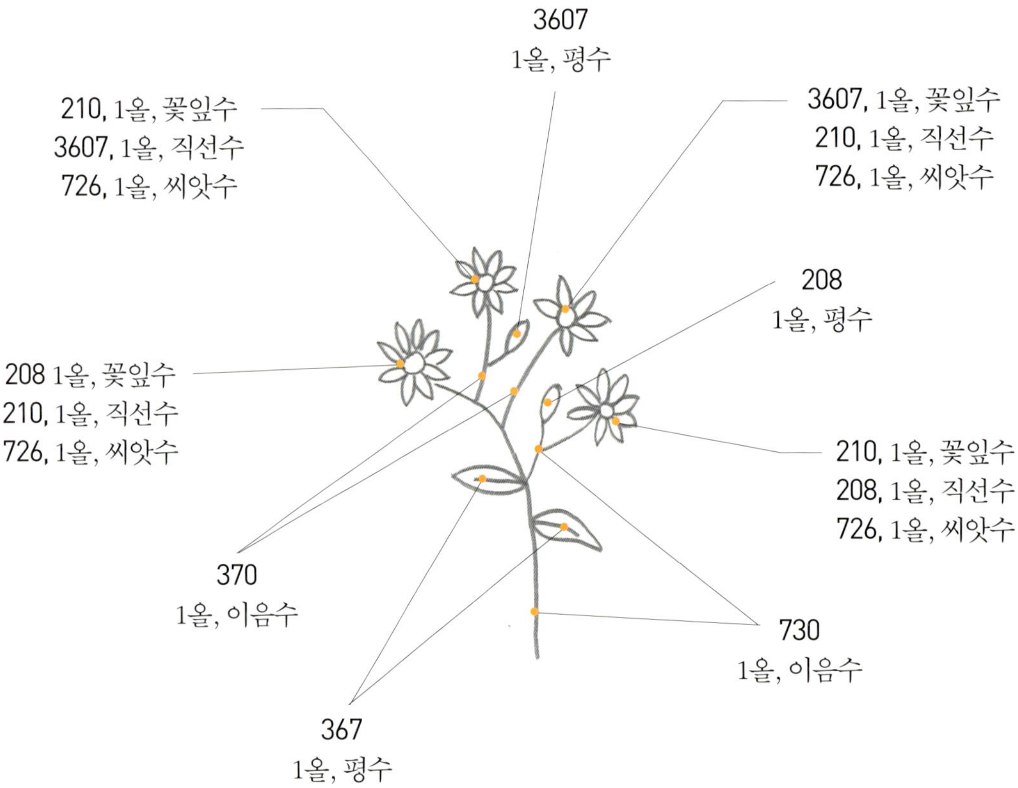

쑥부쟁이
도안

하늘말나리 *Lilium tsingtauense Gilg*

하늘말나리는 백합과 여러해살이풀로 7~8월에 황적색에 자주색 반점이 있는 꽃이 핀다.
꽃말은 '순결', '변함없는 귀여움' 이다.

세부사진

자수기법
실번호

실번호 _ 3347, 502, 727, 3779, 223, 3721

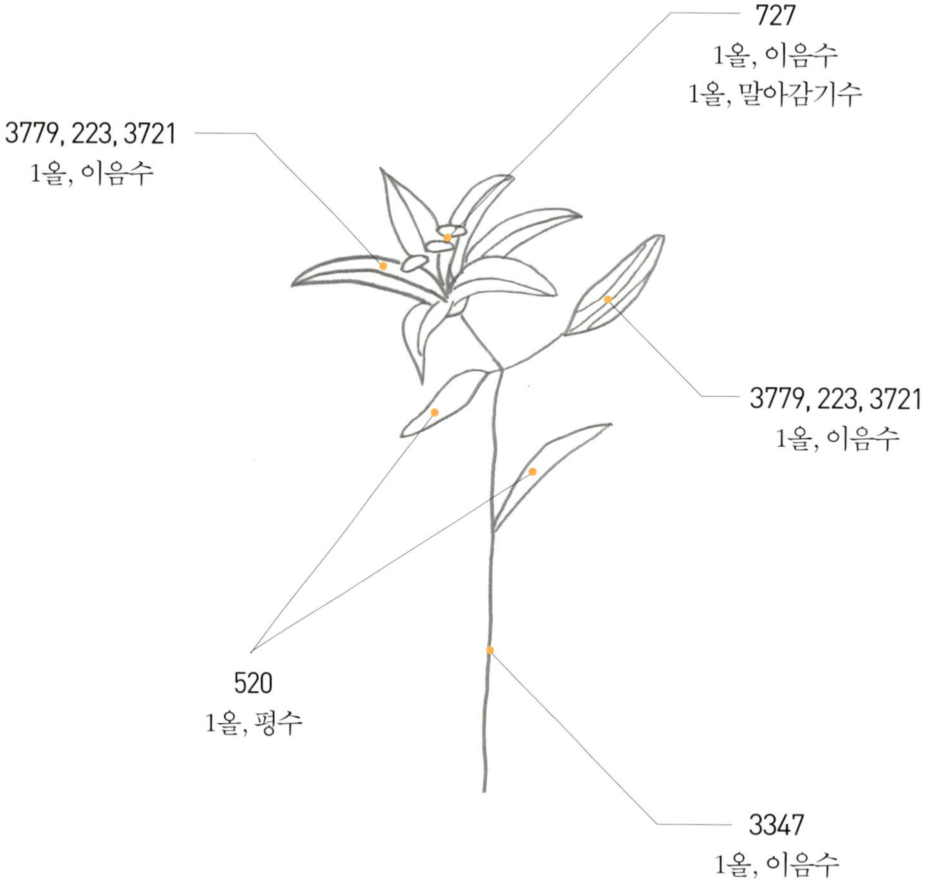

하늘말나리 도안

꿩의바람꽃 *Anemone raddeana* Regel

꿩의바람꽃은 미나리아재비과 여러해살이풀로 4~5월에 흰색, 연분홍색의 꽃이 핀다. 꽃의 생김새가 꿩의 목덜미 깃털을 닮아서 붙여진 이름이다. 꽃말은 '덧없는 사랑', '금지된 사랑', '사랑의 괴로움' 이다.

세부사진

자수기법
실번호

실번호 _ 523, 3012, 829, 772, 3364, 469, 3051, 727, 3865, 3747, 3839

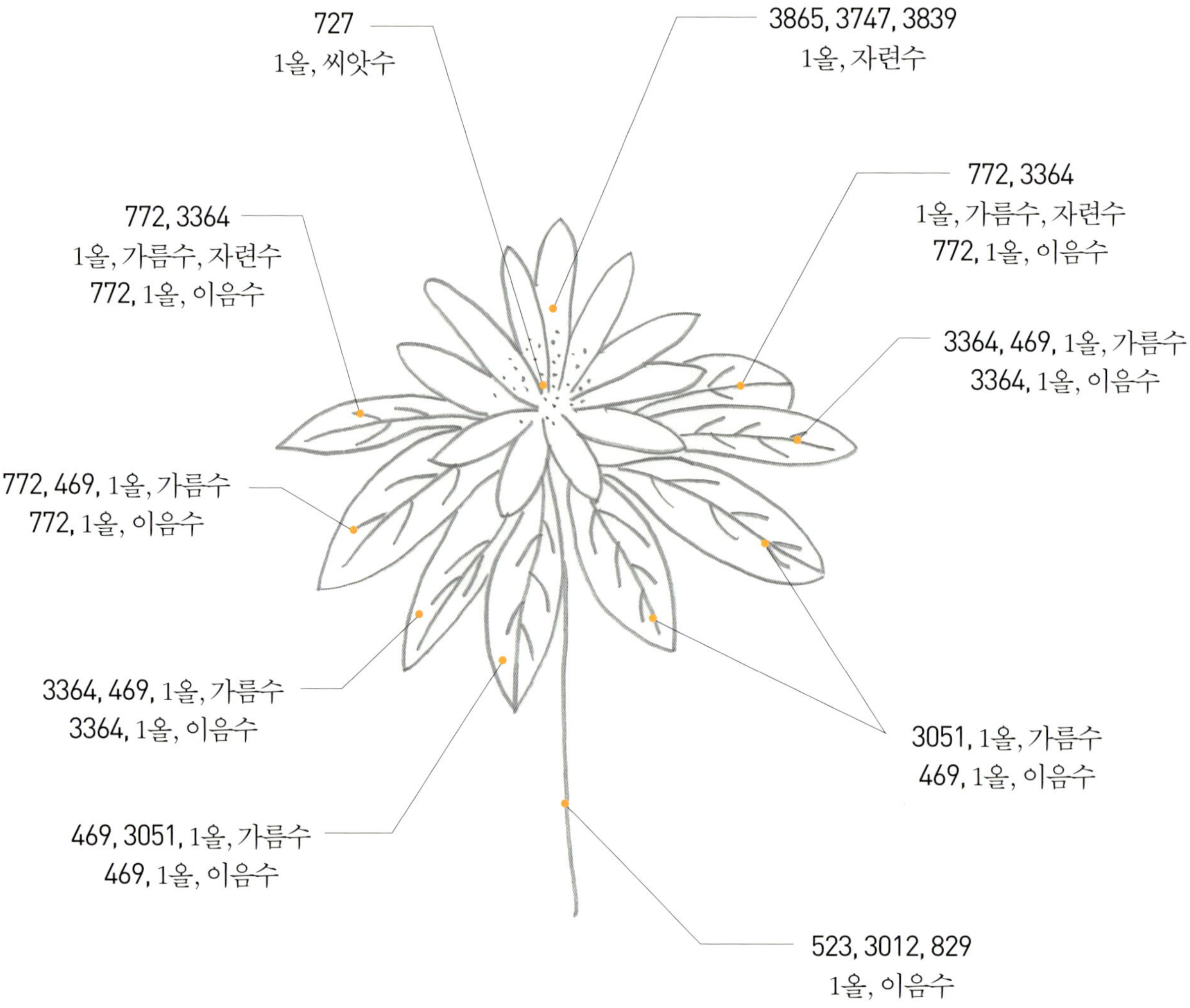

꿩의바람꽃
도안

연잎꿩다리 *Thalictrum coreanum* H.Lev.

연잎꿩다리는 미나리아재비과 여러해살이풀로 6월에 연자주색의 꽃이 핀다.
한국 특산물이며 멸종위기 식물이기도 하다.

세부사진

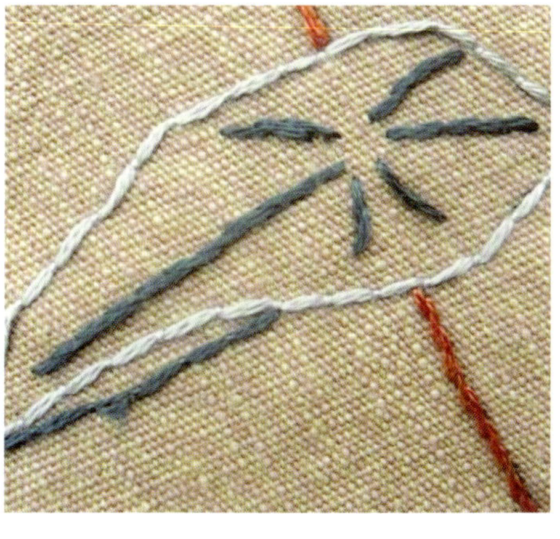

자수기법 실번호

실번호 _ 433, 500, 522, 831, 453, 3609, 726, 745, 3685

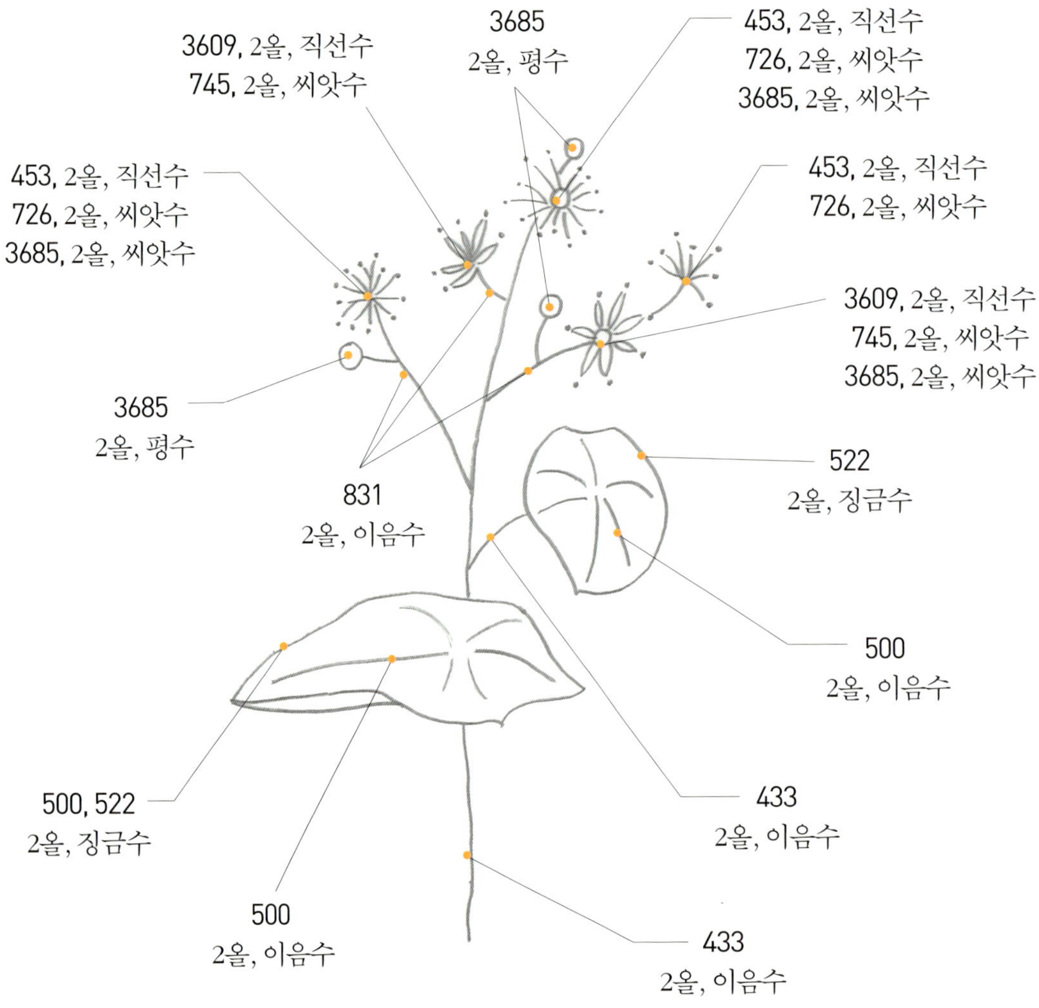

연잎꿩다리 도안

삼백초 *Saururus chinensis* (Lour.) Baill.

삼백초는 삼백초과 여러해살이풀로 6~8월에 흰색의 꽃이 핀다.
뿌리, 잎, 꽃 세 군데가 희다 하여 '삼백초' 라 불리며, 꽃말은 '행운의 열쇠' 다.

세부사진

자수기법
실번호

실번호 _ 725, 3823, 3012, 831, 522, 3031, 520, 3051, 832

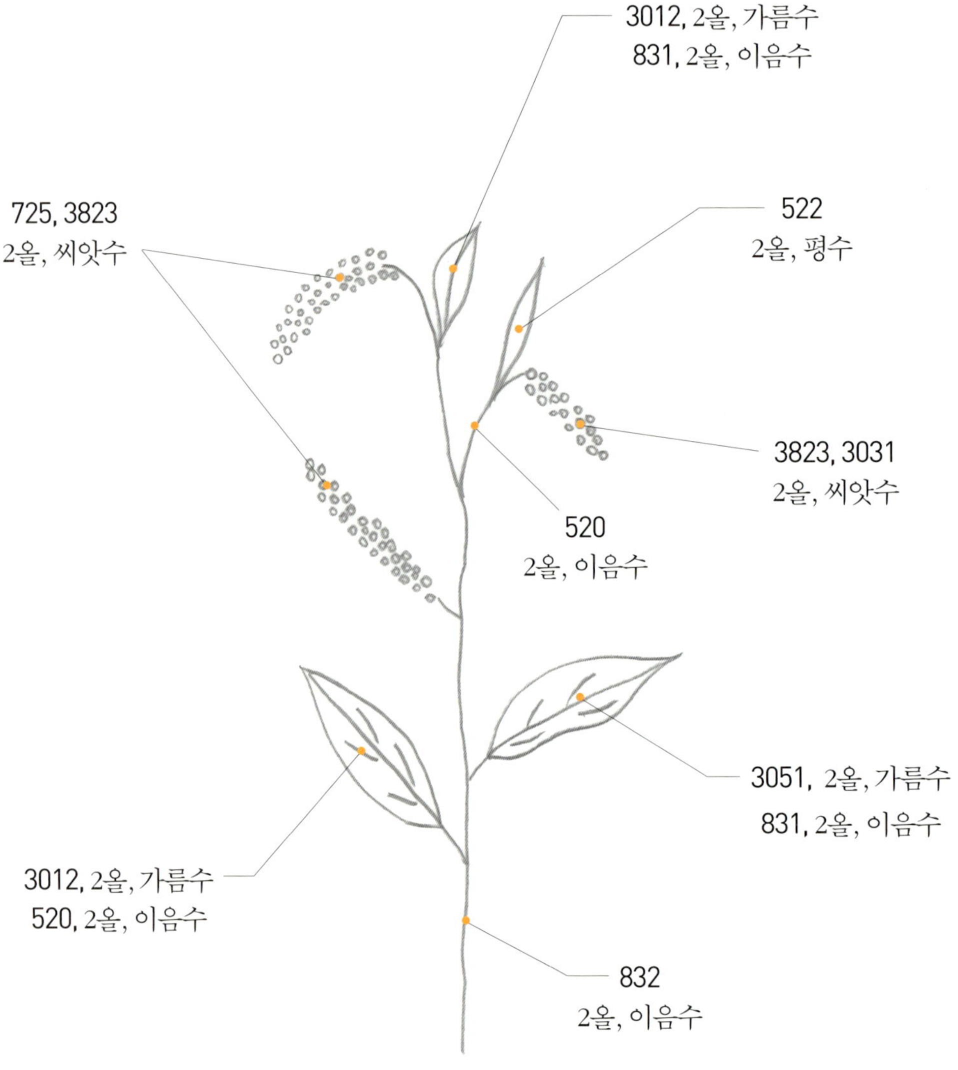

삼백초 도안

딱지꽃 *Potentilla chinensis* Ser.

딱지꽃은 장미꽃과 여러해살이풀로 6~7월 노란색의 꽃이 핀다.
'갯딱지', '땅딱지꽃' 이라고도 불린다.

세부사진

자수기법 실번호

실번호 _ 731, 830, 3012, 3013, 936, 3823, 725, 445, 3831

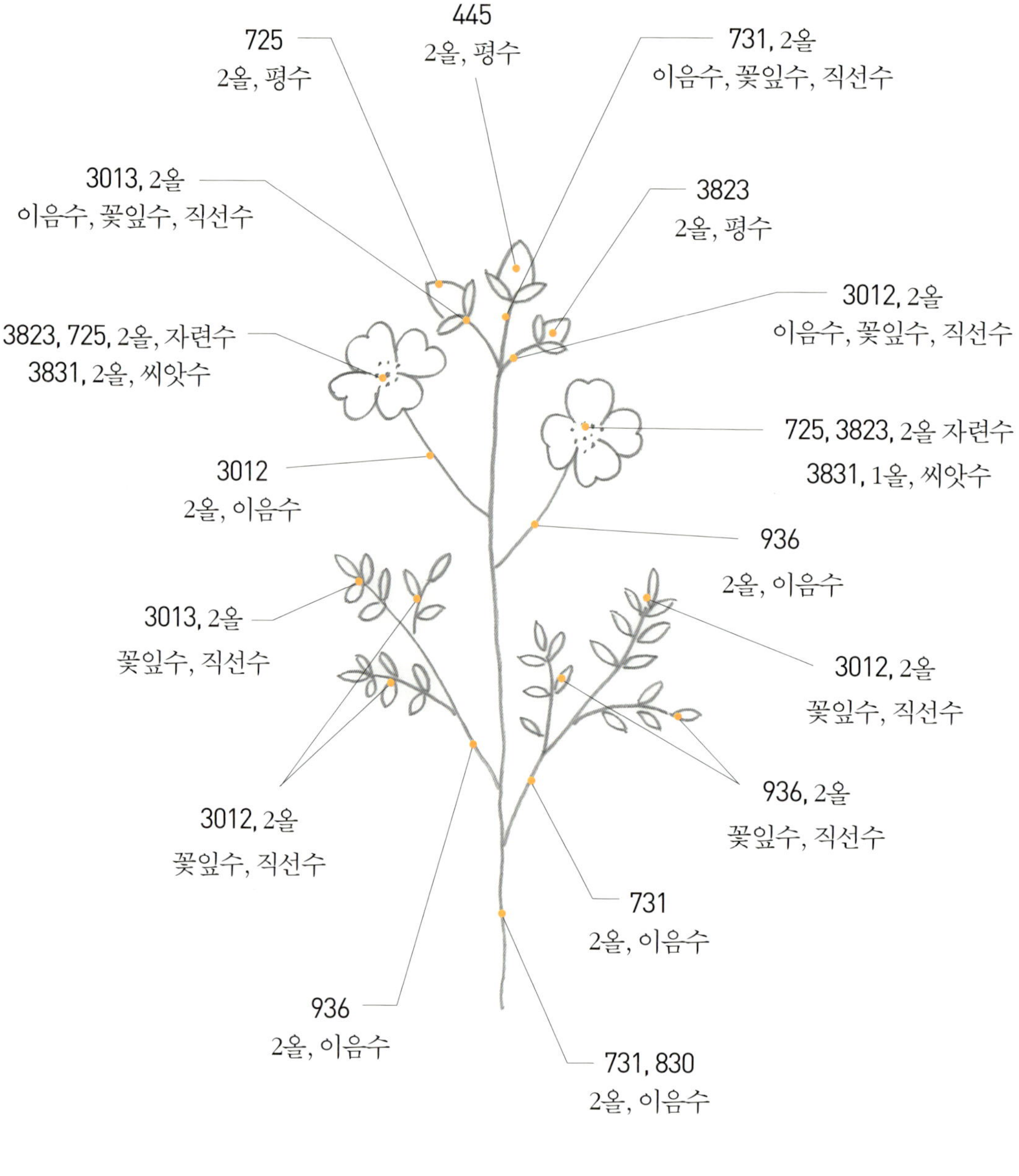

딱지꽃 도안

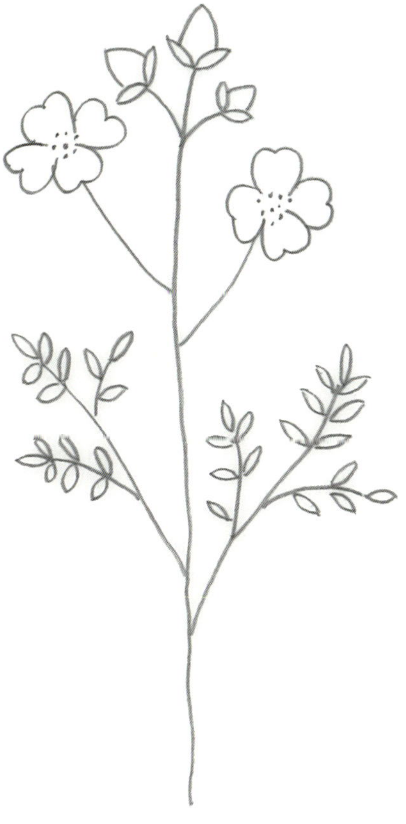

자수기법 실번호

실번호 _ 830, 731, 936, 3013

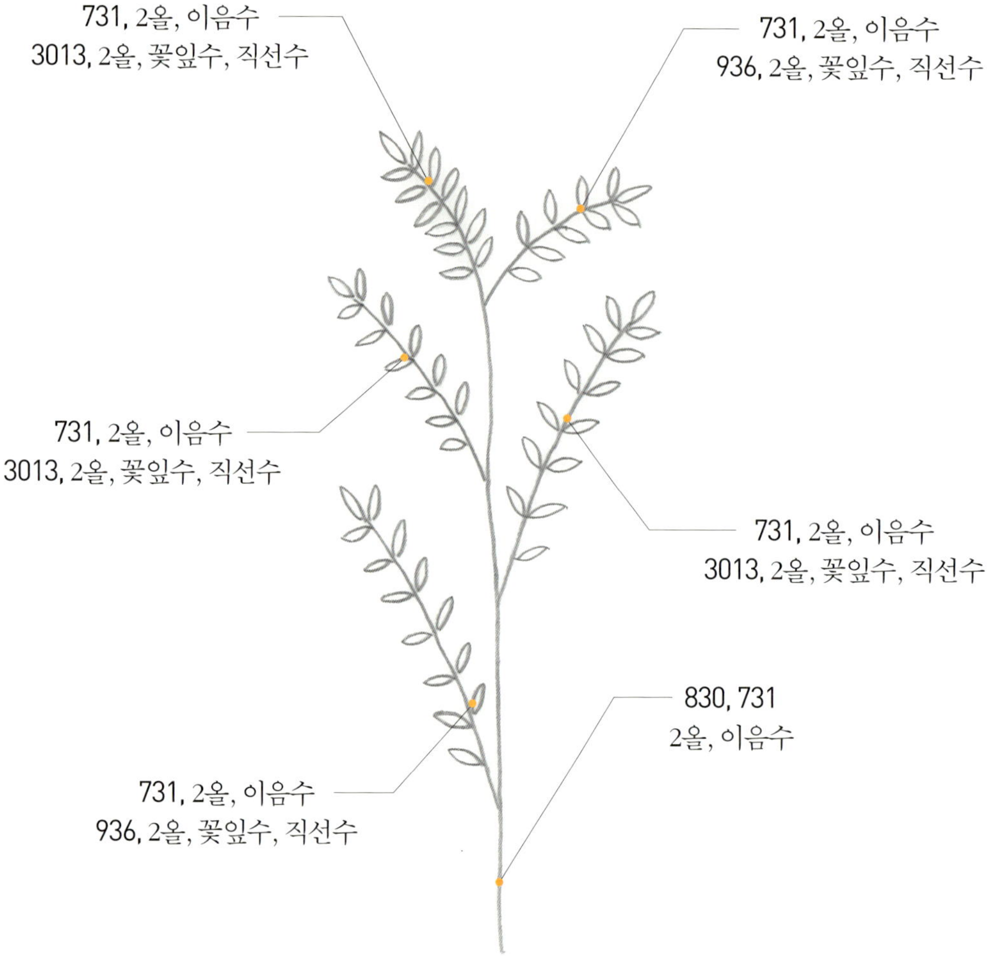

딱지꽃 도안

고들빼기 *Crepidiastrum sonchifolium* (Maxim.) Pak & Kawano

고들빼기는 국화과 두해살이풀로 4~7월 노란색의 꽃이 핀다.
'참고들빽이', '빗치개씀바귀', '씬나물' 이라고도 불리며, 꽃말은 '순박함' 이다.

세부사진

자수기법 실번호

실번호 _ 372, 730, 3363, 471, 727, 743, 3776

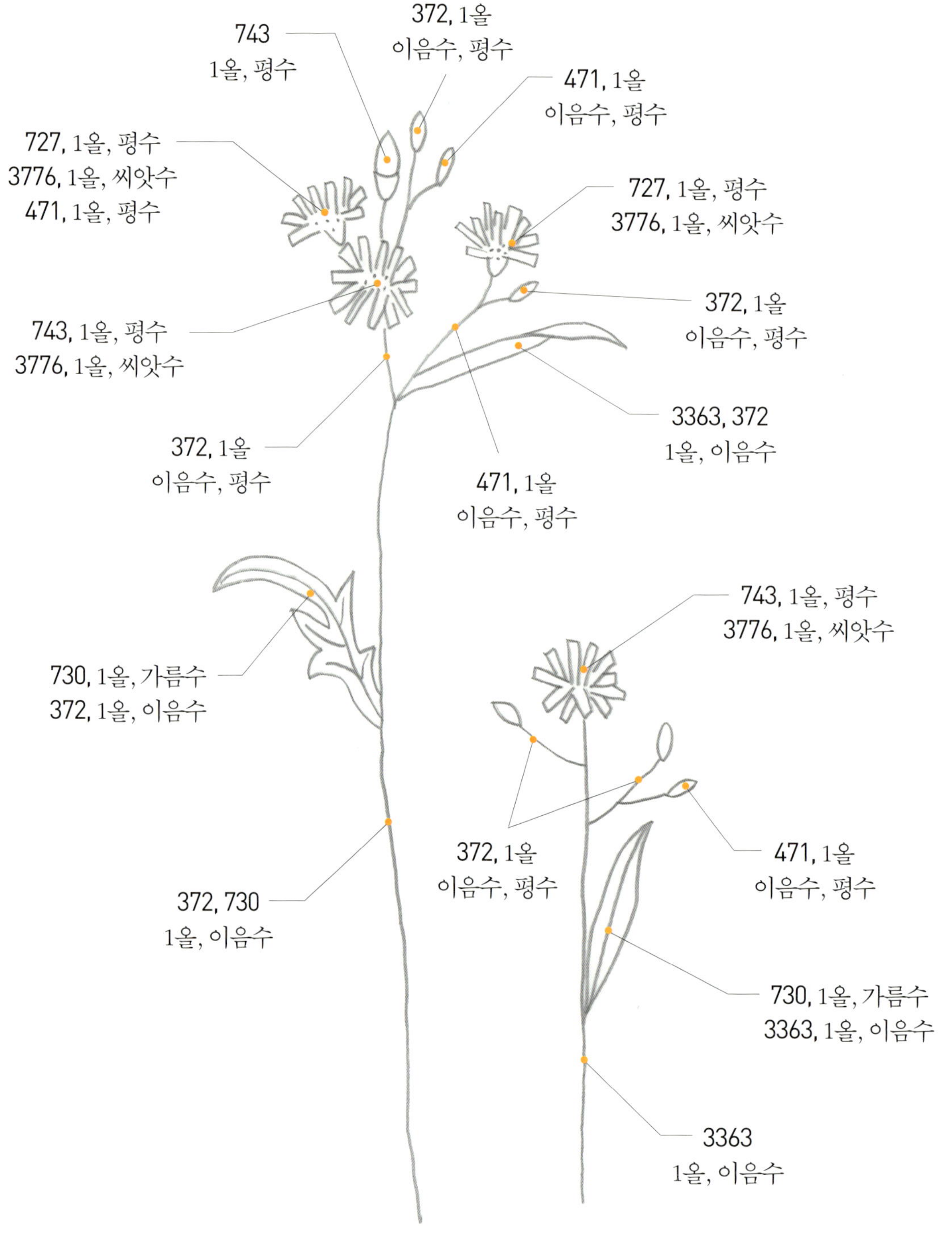

고들빼기 도안

금불초 *Inula britannica* var. *japonica* (Thunb.) Franch. & Sav.

금불초는 국화과 여러해살이풀로 7~9월 노란색의 꽃이 줄기나 가지 끝에 핀다.
꽃이 노랗다고 하여 '금불초' 라 불리고 '하국' 이라고도 불렸다.
꽃말은 '상큼함', '상존함' 이다.

세부사진

자수기법 실번호

실번호 _ 832, 433, 963, 741, 3363, 3013, 3823, 725

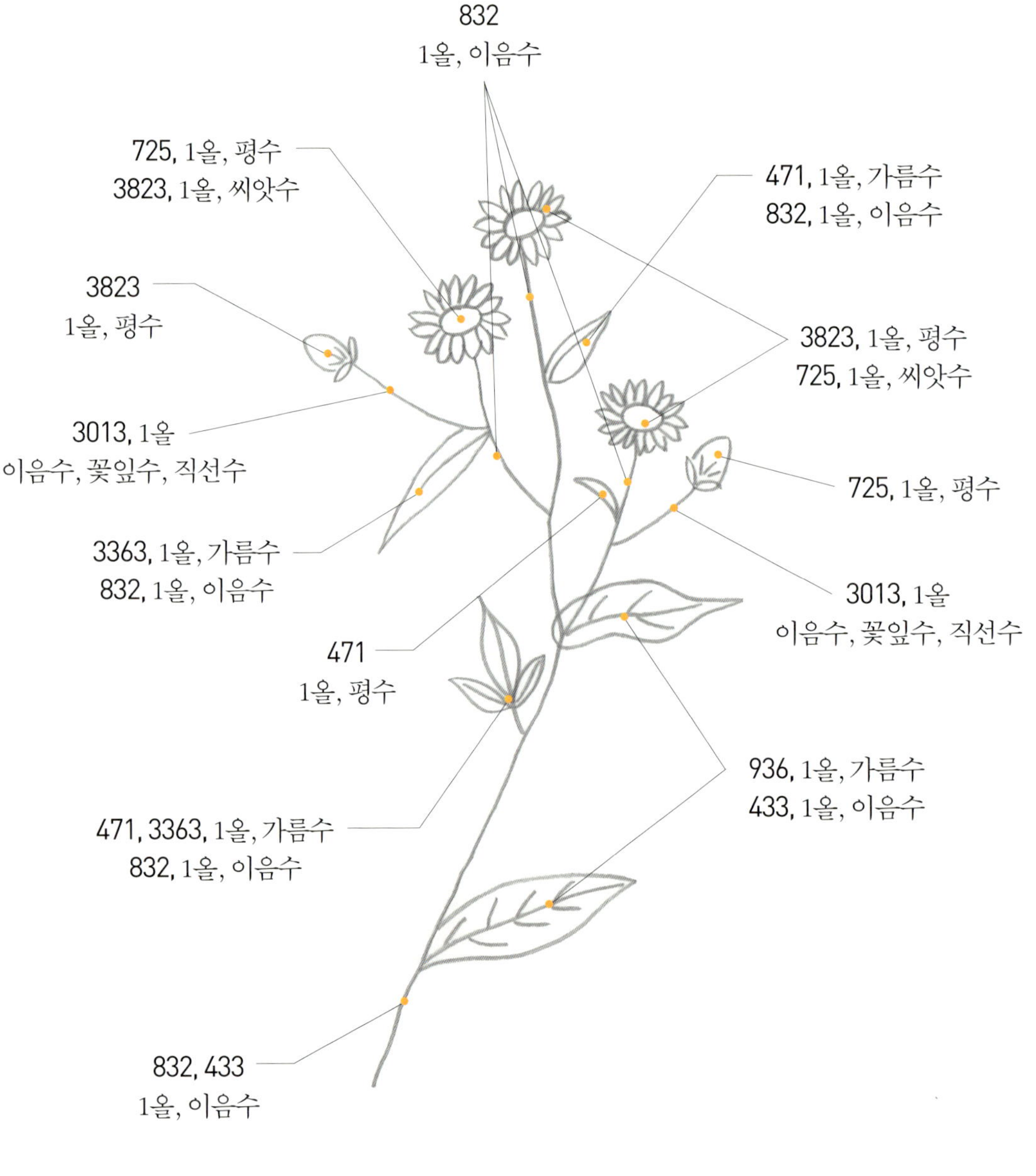

금불초 도안

물옥잠 *Monochoria korsakowii* Regel & Maack

물옥잠은 물옥잠과 한해살이풀로 수상식물이다. 6~8월에 푸른 보랏빛의 꽃이 핀다.
잎이 옥잠화를 닮았고 물에 산다 하여 '물옥잠' 이라고 한다.
꽃말은 '변하는 사랑의 슬픔' 이다.

세부사진

자수기법 실번호

실번호 _ 726, 422, 501, 502, 520, 580, 3052, 3031, 3828, 157, 3746, 3747, 3838

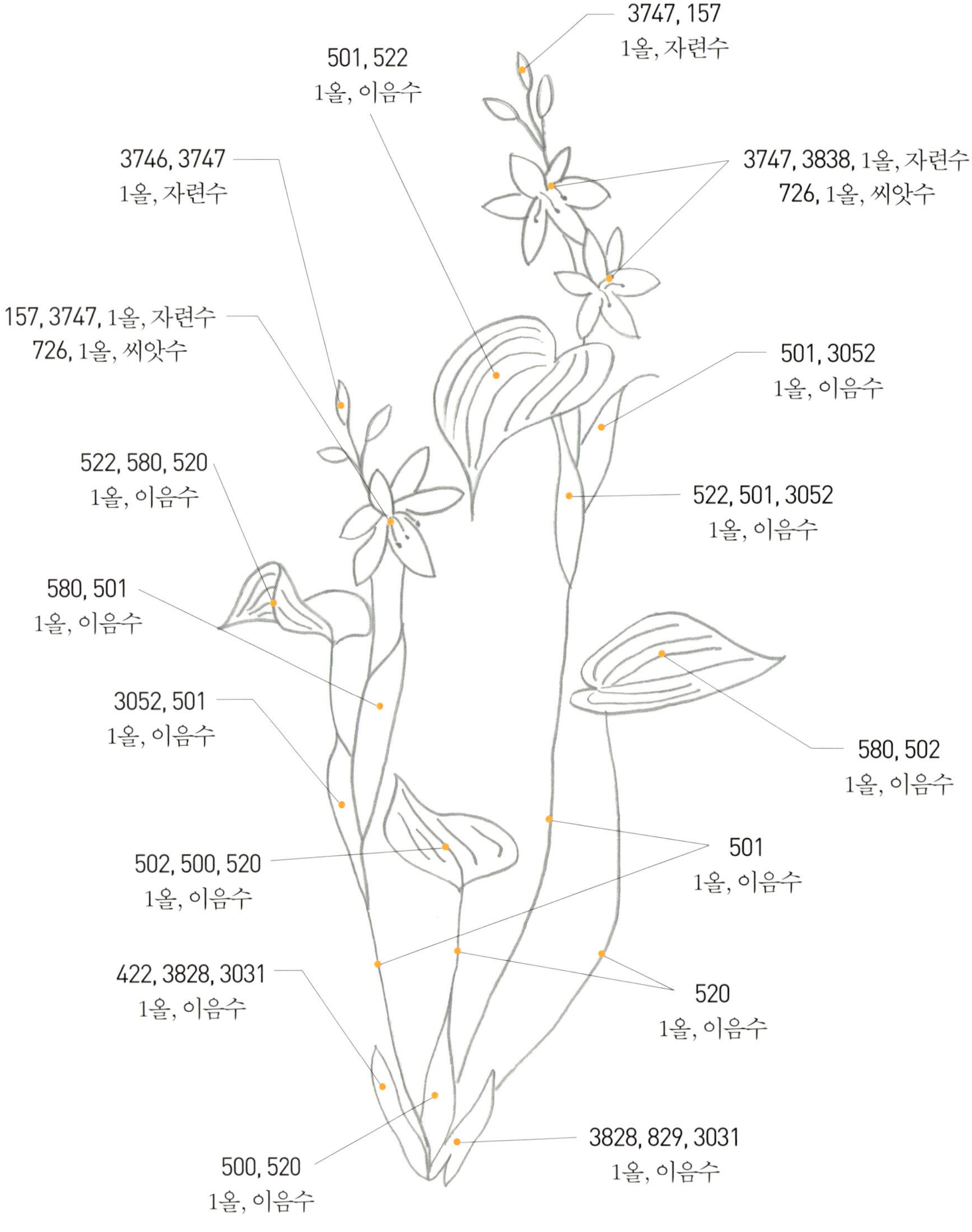

물옥잠 도안

유채 *Brassica napus* L.

유채는 십자화과 두해살이풀로 3~6월 노란색의 꽃이 핀다.
유채의 어린잎과 줄기는 식용하거나 사료용으로 쓰이며 열매(38~45%의 기름함유)에서 짠 기름은 식용 · 의학용 · 공업용 등으로 쓰인다. 꽃말은 '쾌활' 이다

세부사진

자수기법 실번호

실번호 _ 3776, 743, 972, 503, 319, 3011, 3053

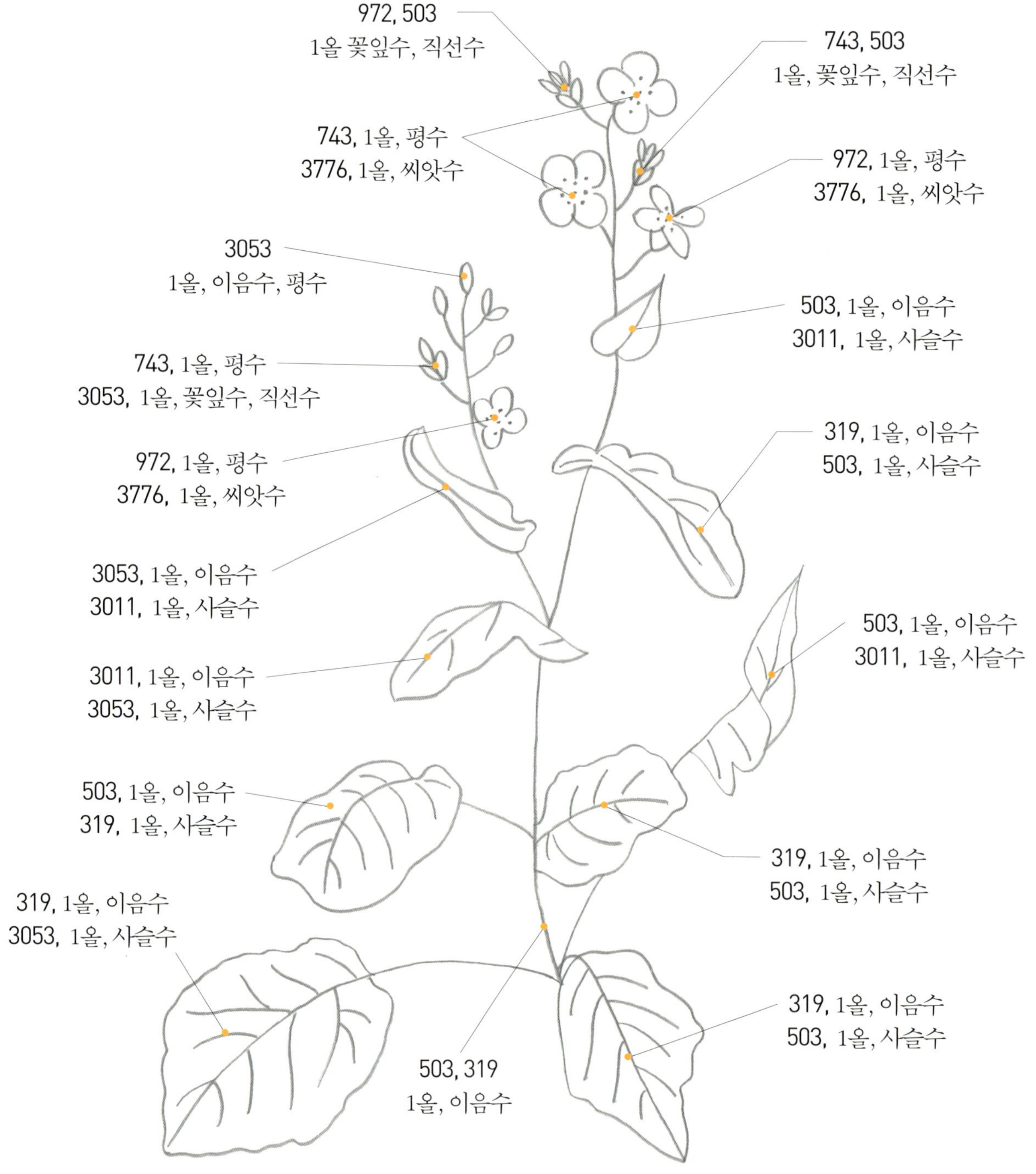

유채 도안

제비꽃 *Viola mandshurica* W.Becker

제비꽃은 제비꽃과 여러해살이풀로 4~5월에 자주색 또는 짙은 보라색의 꽃이 핀다. 제비가 돌아올 때쯤 피어서 제비꽃이라 부르며, '오랑캐꽃', '반지꽃', '앉은뱅이꽃', '외나물' 이라고도 불린다. 꽃말은 '겸손함', '소박함' 이다.

세부사진

자수기법
실번호

실번호 _ 3011, 319, 3051, 3053, 469, 3362, 3346, 221, 553, 550, 3822

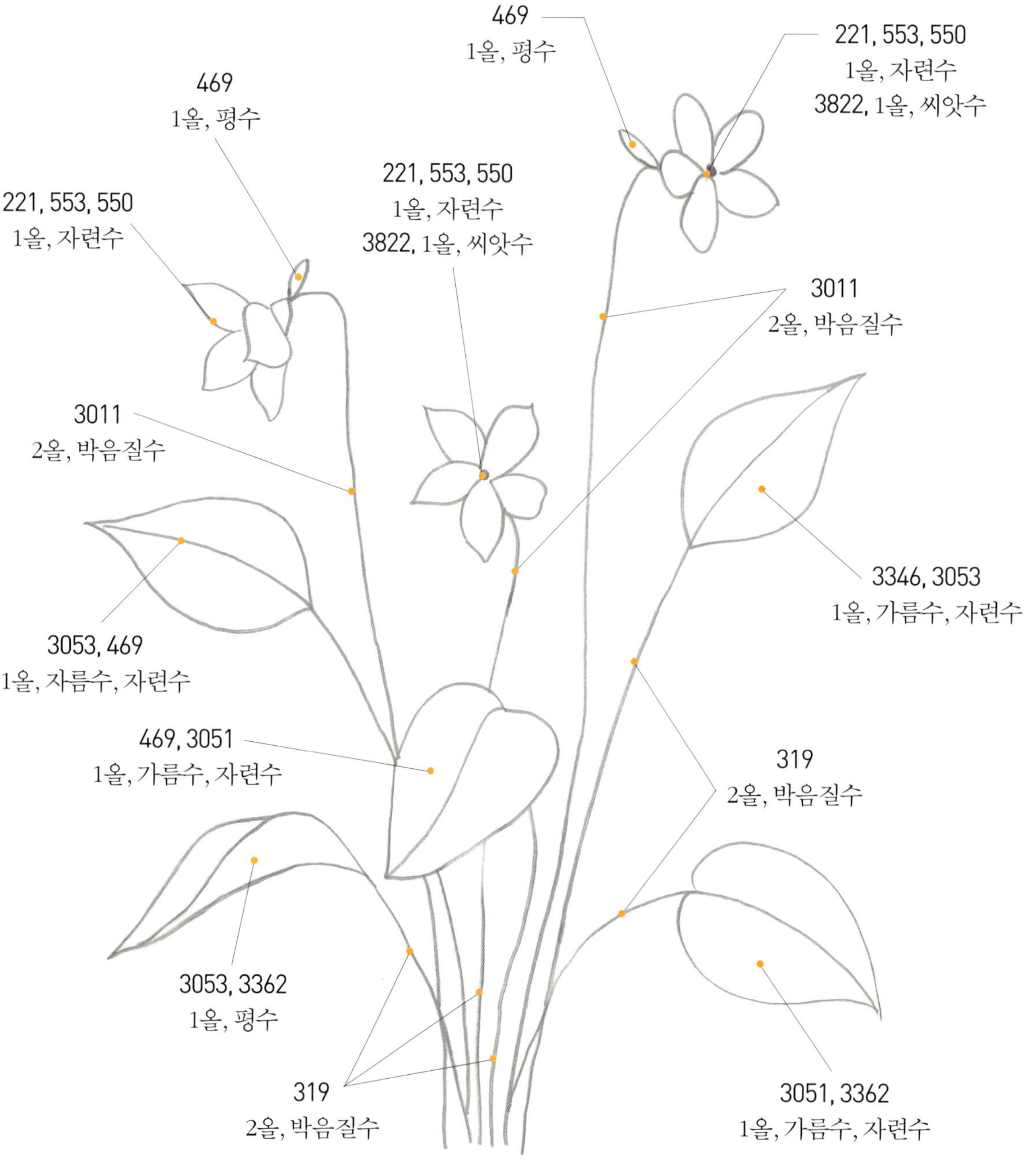

제비꽃 도안

고마리 *Persicaria thunbergii* (Siebold & Zucc.) H.Gross

고마리는 마디풀과 한해살이풀로 8~9월에 흰색과 분홍색의 꽃이 핀다.
고마리는 '고마운' 이라는 뜻과 꽃의 크기가 작아 '고만고만' 하다는 두 가지의 설이 있다.
'고만이' 라고도 불리며, 꽃말은 '꿀의 원천' 이다.

세부사진

자수기법 실번호

실번호 _ white, 601, 372, 469, 730, 935

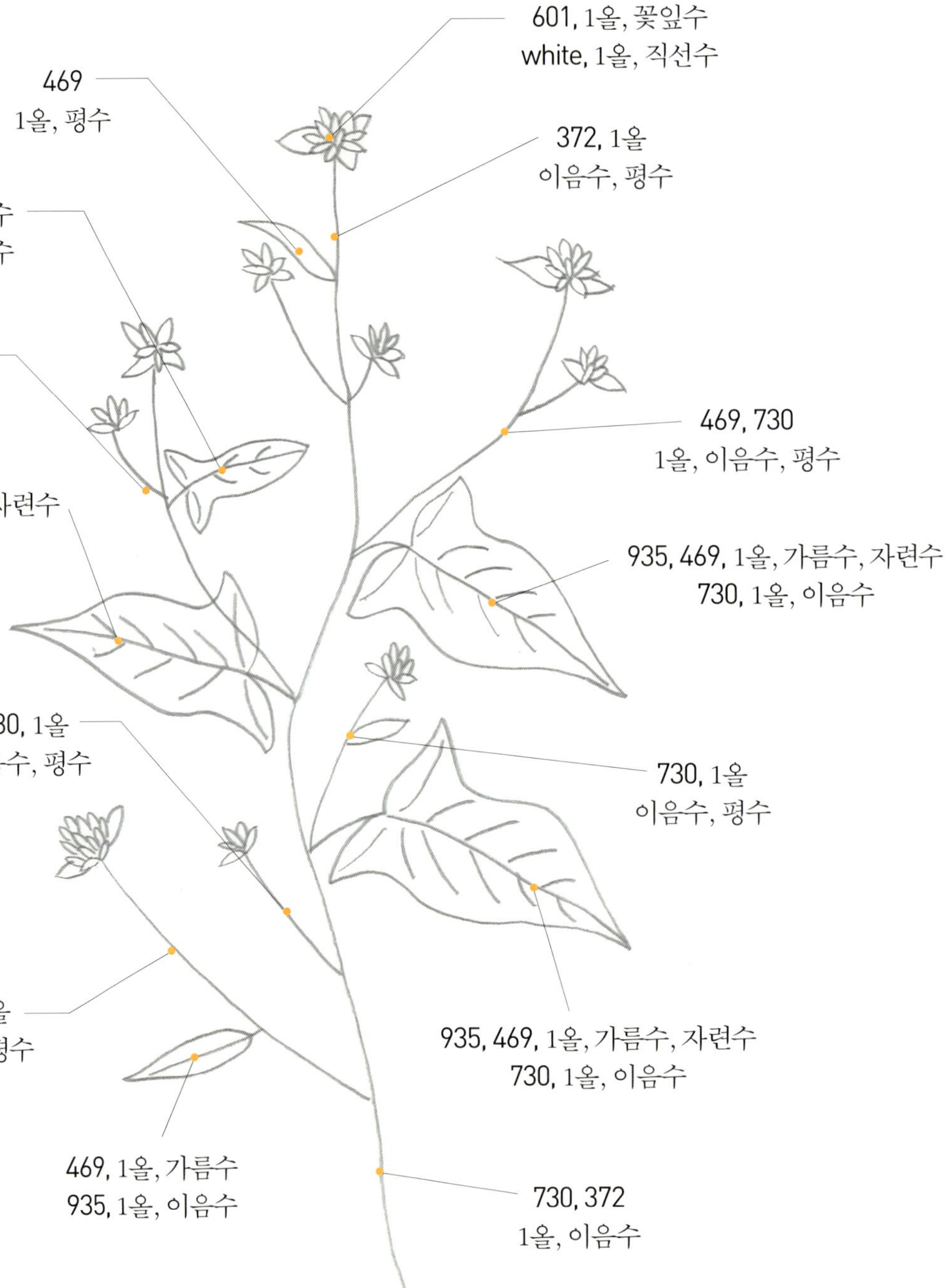

고마리 도안

이삭여뀌 *Persicaria filiformis* (Thunb.) Nakai ex Mori

이삭여뀌는 마디풀과 여러해살이풀로 7~8월에 적색의 꽃이 핀다.
꽃말은 '신중', '숙원', '마음씀' 이다.

세부사진

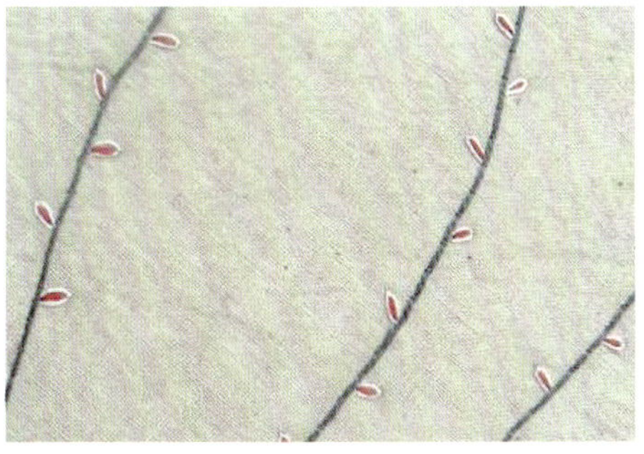

자수기법 실번호

실번호 _ 3799, 500, 501, 502, 503, 504, 815, 818

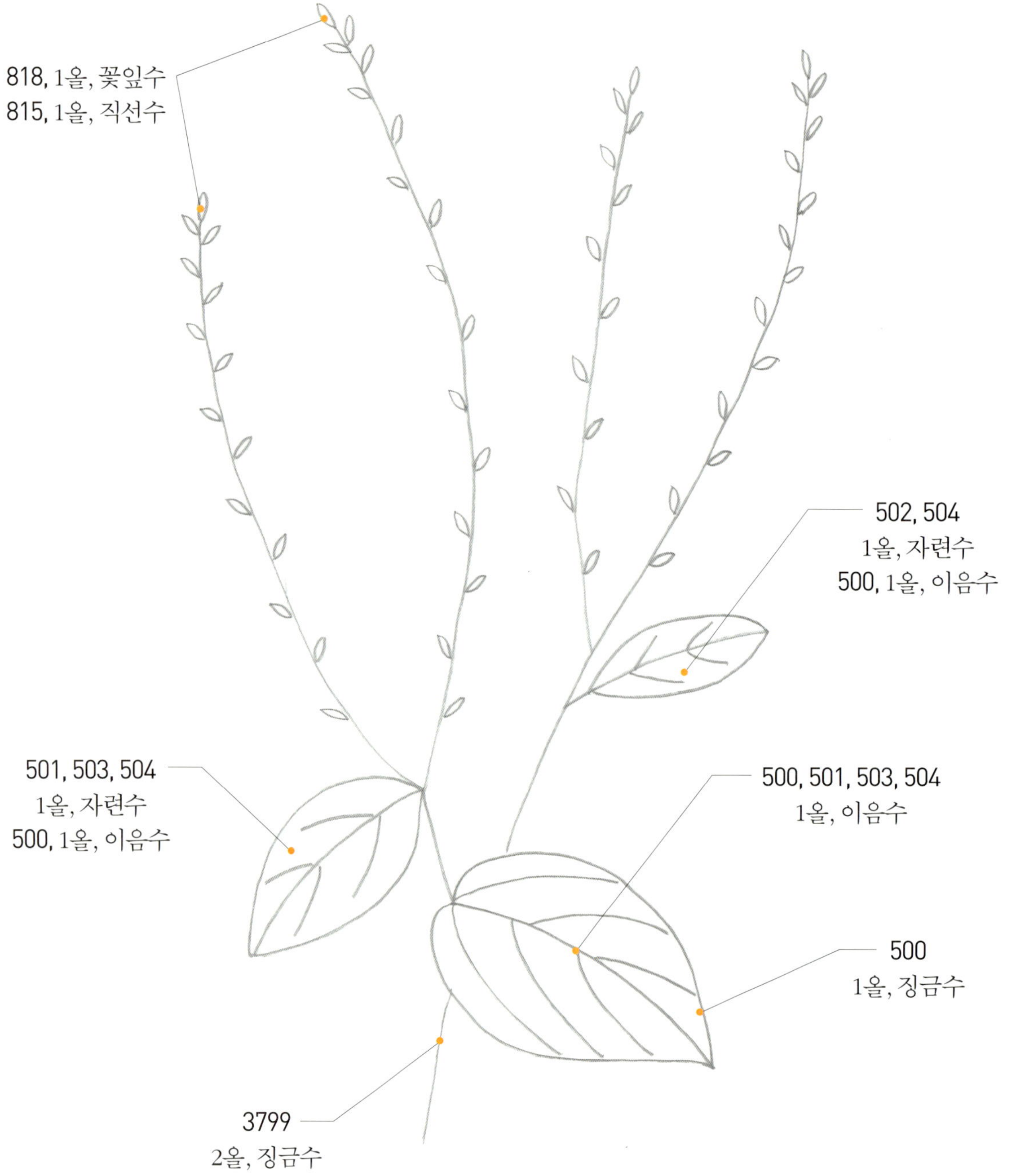

이삭여뀌 도안

큰꽃으아리 *Clematis patens C.Morren & Decne.*

큰꽃으아리는 미나리아재비과 덩굴식물로 5~6월에 흰색 또는 연분홍색의 꽃이 핀다.
원예품종이 개발되어 자주색, 보라색 등의 꽃도 있다.
꽃말은 '아름다운 마음', '고결' 이다.

세부사진

자수기법
실번호

실번호 _ 372, 3012, 830, 3362, 3363, 3052, 3777, 3778, 3779, 744

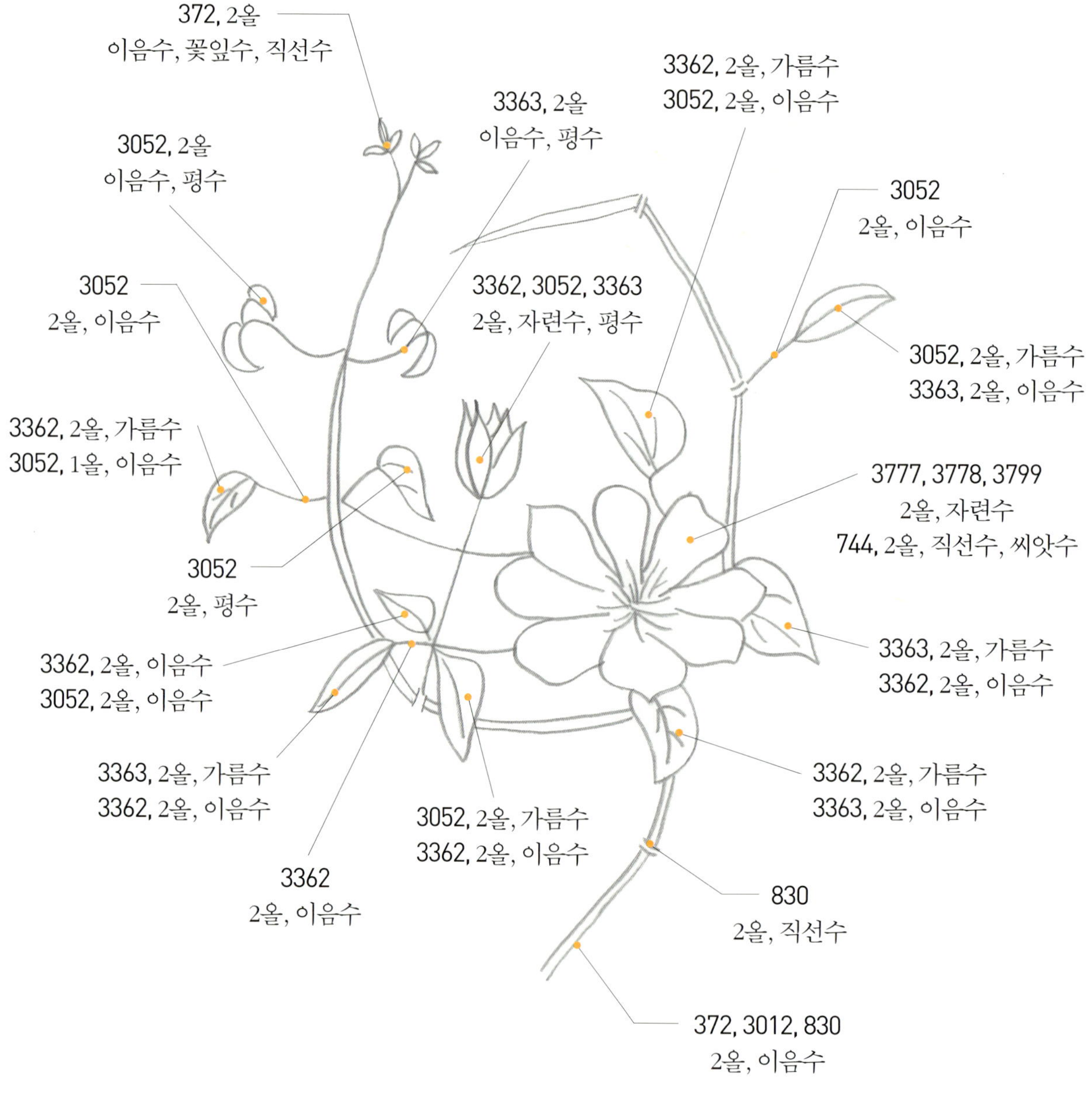

큰꽃으아리 도안

꽈리 *Physalis alkekengi* var. *francheti* (Mast.) Makino.

꽈리는 가지과 여러해살이풀로 6~7월에 노란색의 꽃이 핀다.
열매는 붉은색으로 익으며 꽃받침에 쌓여있고 둥근 모양이다.
꽃말은 '수줍음', '조용한 미', '약함' 이다.

세부사진

자수기법
실번호

실번호 _ 422, 3829, 400, 3031, 3013, 830, 370, 720, 722, 727, 3819

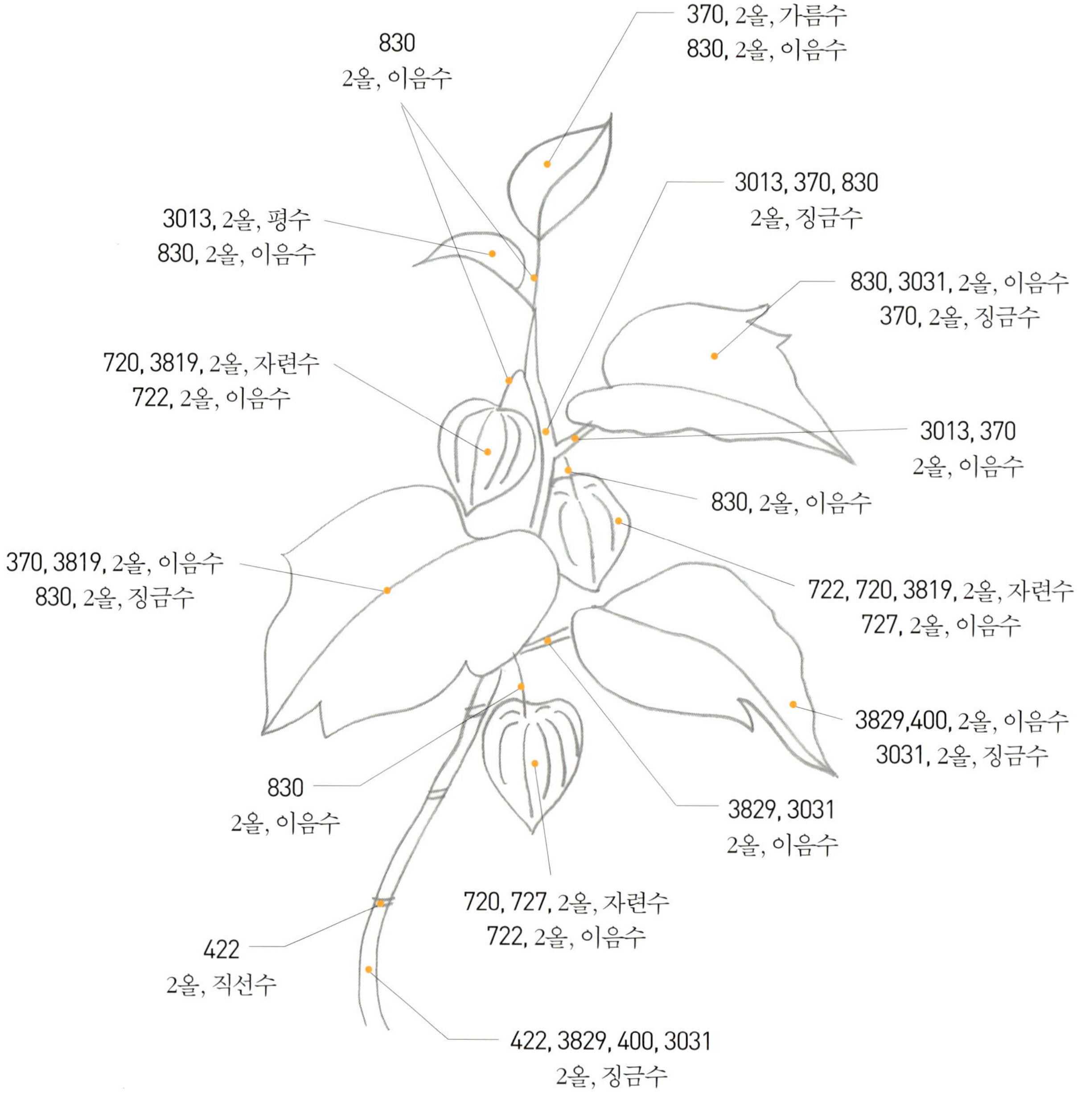

꽈리 도안

개망초 *Erigeron annuus* (L.) Pers.

개망초는 국화과 두해살이풀로 6~9월에 흰색 또는 연분홍색의 꽃이 핀다.
개망초란 이름 외에 '계란꽃', '넓은잎잔꽃풀', '돌잔꽃', '왜풀', '왜풀떼기' 라고도 하며,
꽃말은 '화해' 이다.

세부사진

자수기법 실번호

실번호 _ 3347, 520, 3013, 369, 580, 3865, 743, 744

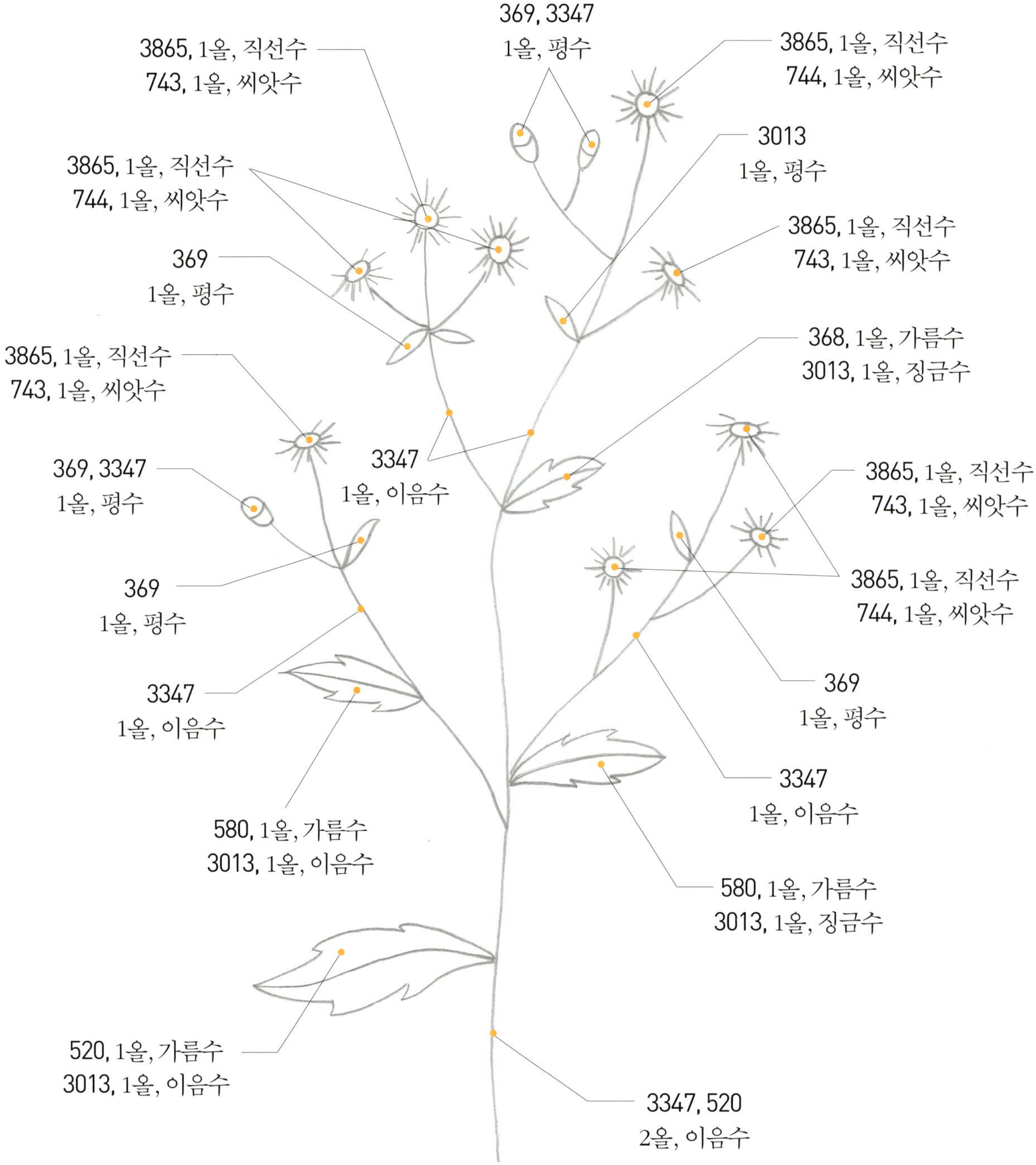

개망초 도안

산부추 *Allium thunbergii* G.Don

산부추는 백합과 여러해살이풀로 8~11월에 적자색의 꽃이 핀다.
산과 들에서 자란다하여 '산부추' 라 부른다.
꽃말은 '신선' 이다

세부사진

자수기법 실번호

실번호 _ 3781, 3828, 3022, 3053, 370, 502, 3776, 153, 3836, 327, 550

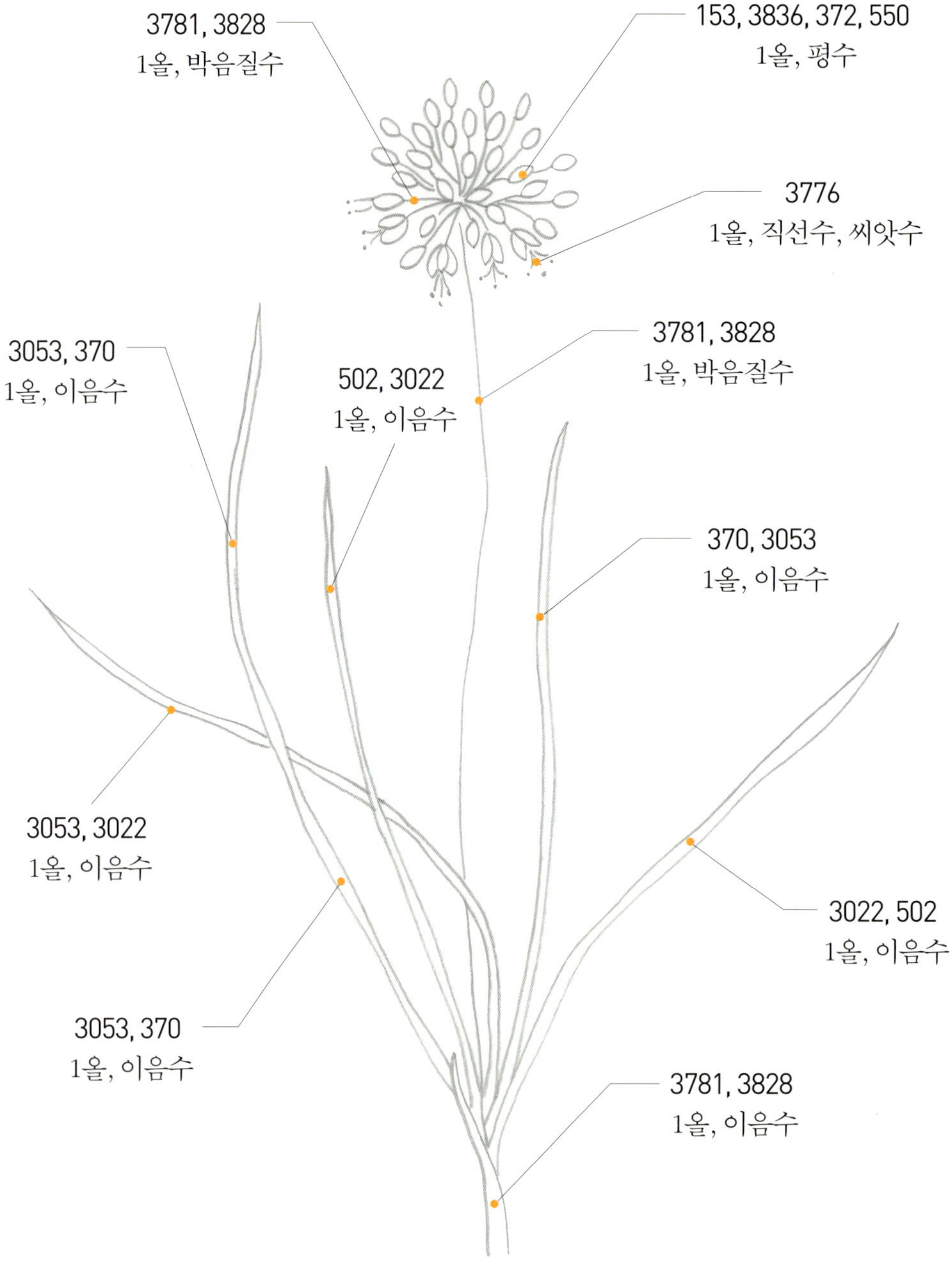

산부추 도안

벌개미취 *Aster koraiensis* Nakai

벌개미취는 국화과 여러해살이풀로 6 ~ 10월에 연한 자주색과 연보라색의 꽃이 핀다. 외국에서는 자생하지 않는 우리나라 특산식물이며, '고려쑥부쟁이' 라고도 불린다. 꽃말은 '청초', '추억', '그리움' 이다.

세부사진

자수기법 실번호

실번호 _ 221, 554, 3835, 156, 3747, 3838, 3822, 367, 368, 502, 3406, 3863

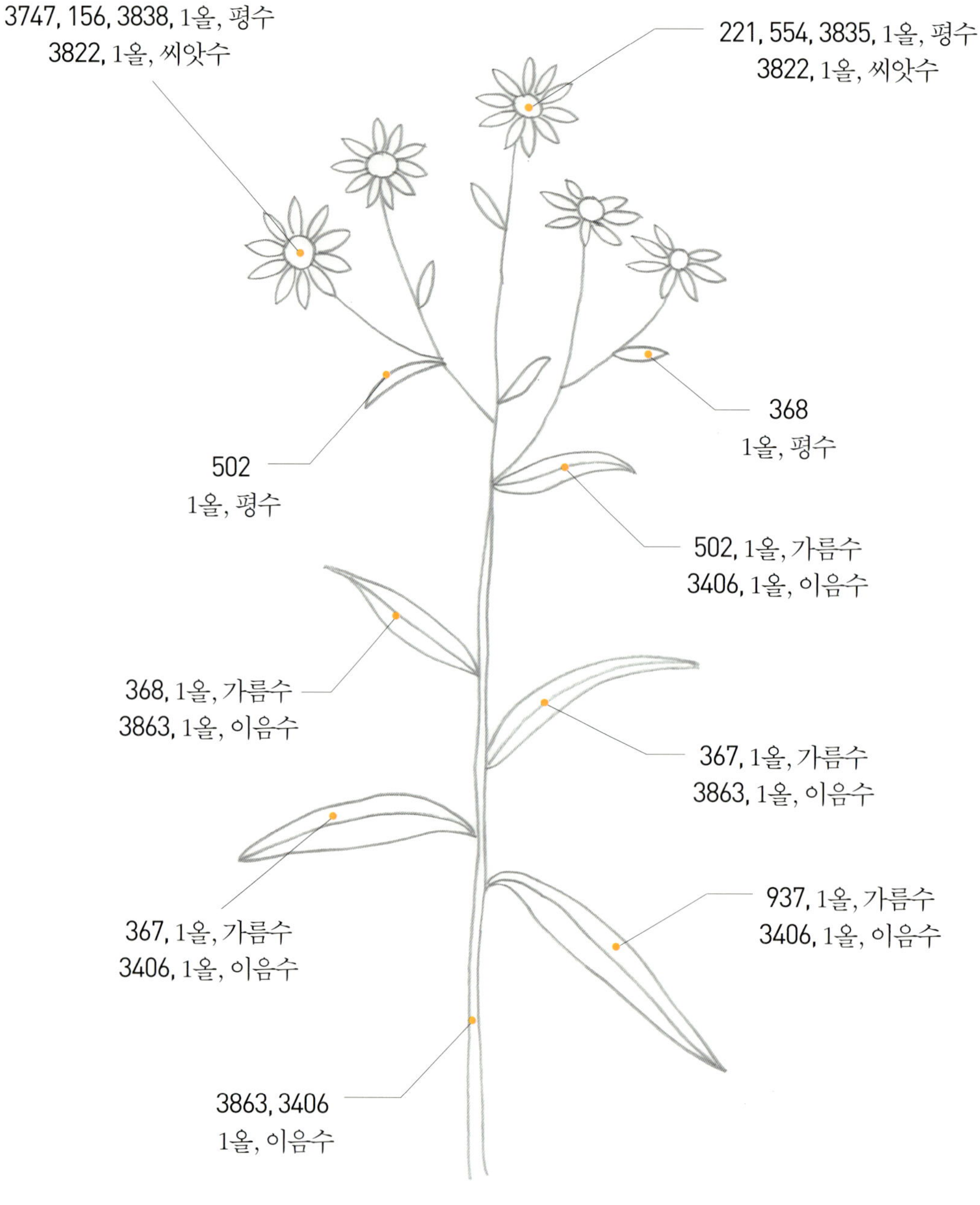

벌개미취
도안

조개풀 *Arthraxon hispidus* (Thunb.) Makino

조개풀은 벼과 한해살이풀로 9월에 자주색의 꽃이 핀다.

세부사진

자수기법 실번호

실번호 _ 815, 367, 369, 3346, 3348, 3364, 503, 470

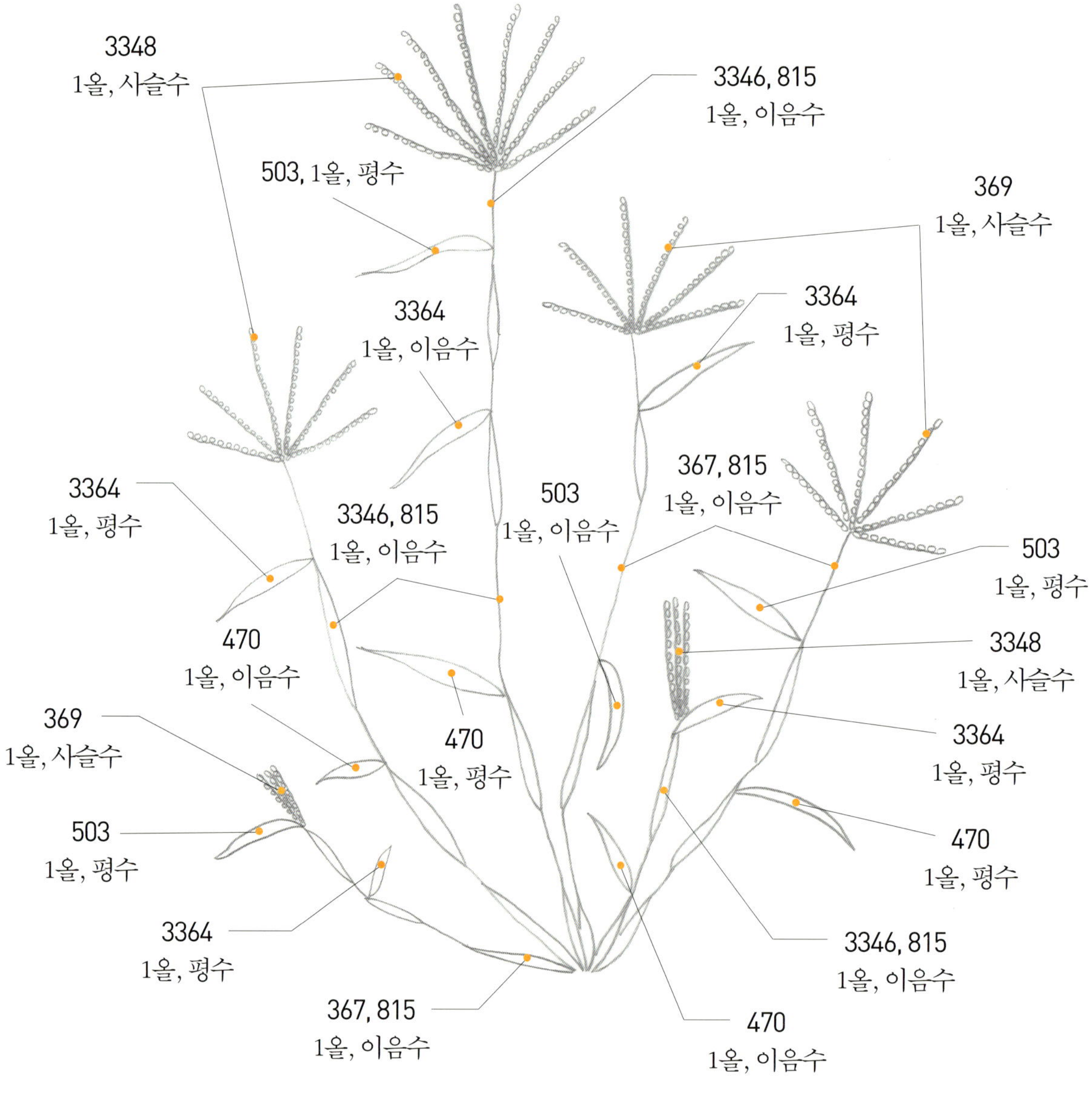

조개풀 도안

도깨비바늘 *Bidens bipinnata* L.

도깨비바늘은 국화과 한해살이풀로 8~9월 노란색의 꽃이 핀다.
열매에 갈구리가 있어 옷에 잘 붙는다.
꽃말은 '흥분' 이다.

세부사진

자수기법 실번호

실번호 _ 744, 3031, 3829, 320, 987, 562, 500, 3347, 3053

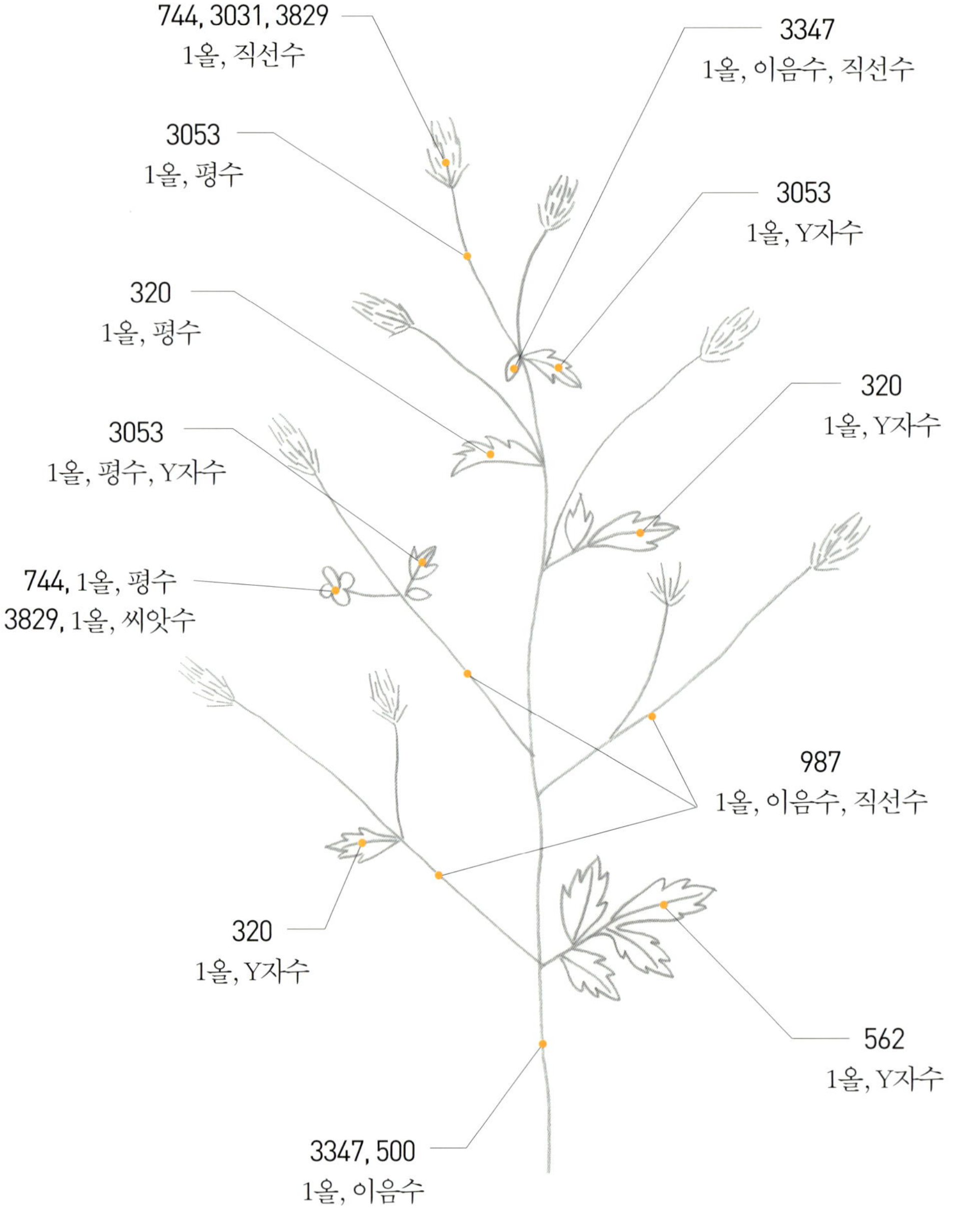

도깨비바늘
도안

약모밀 *Houttuynia cordata* Thunb.

약모밀은 삼백초과 여러해살이풀로 5 ~ 6월 흰색의 꽃이 핀다.
잎모양이 메밀과 비슷하지만 약용으로 쓰인다 하여 '약모밀' 이라 부르며,
'어성초(魚腥草)' 라고도 부른다. 꽃말은 ' 기다림' 이다.

세부사진

자수기법 실번호

실번호 _ 3865, 839, 420, 3045, 989, 3346, 936, 520, 726

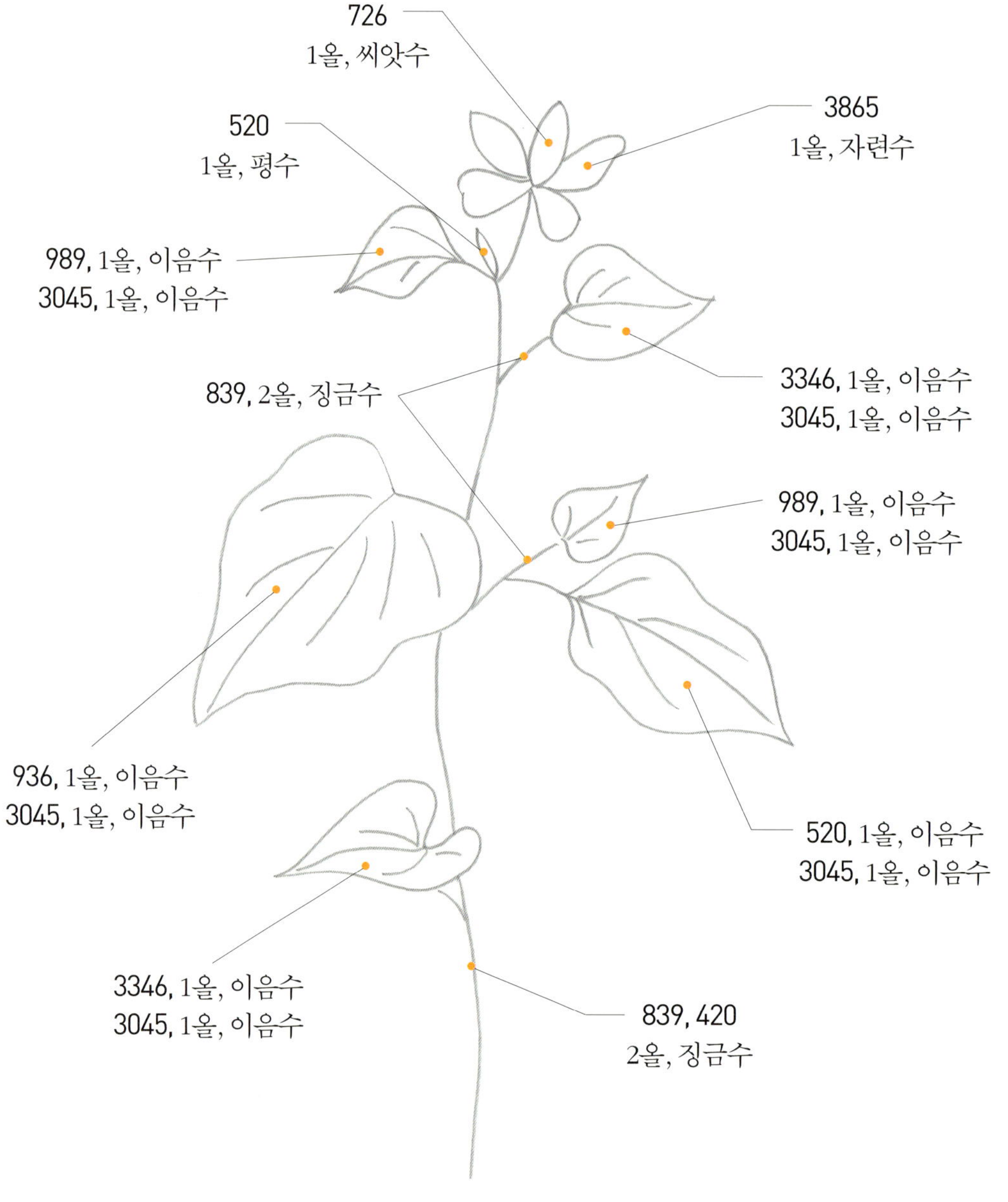

약모밀 도안

바위취 *Saxifraga stolonifera* Meerb.

바위취는 범의귀과 여러해살이풀로 5월에 흰색의 꽃이 핀다.
'호이초', '범의귀', '석하엽' 이라고도 불리며, 꽃말은 '절실한 사랑' 이다.

세부사진

자수기법 실번호

실번호 _ 744, 151, 3865, 524, 502, 3012, 369, 3348, 935

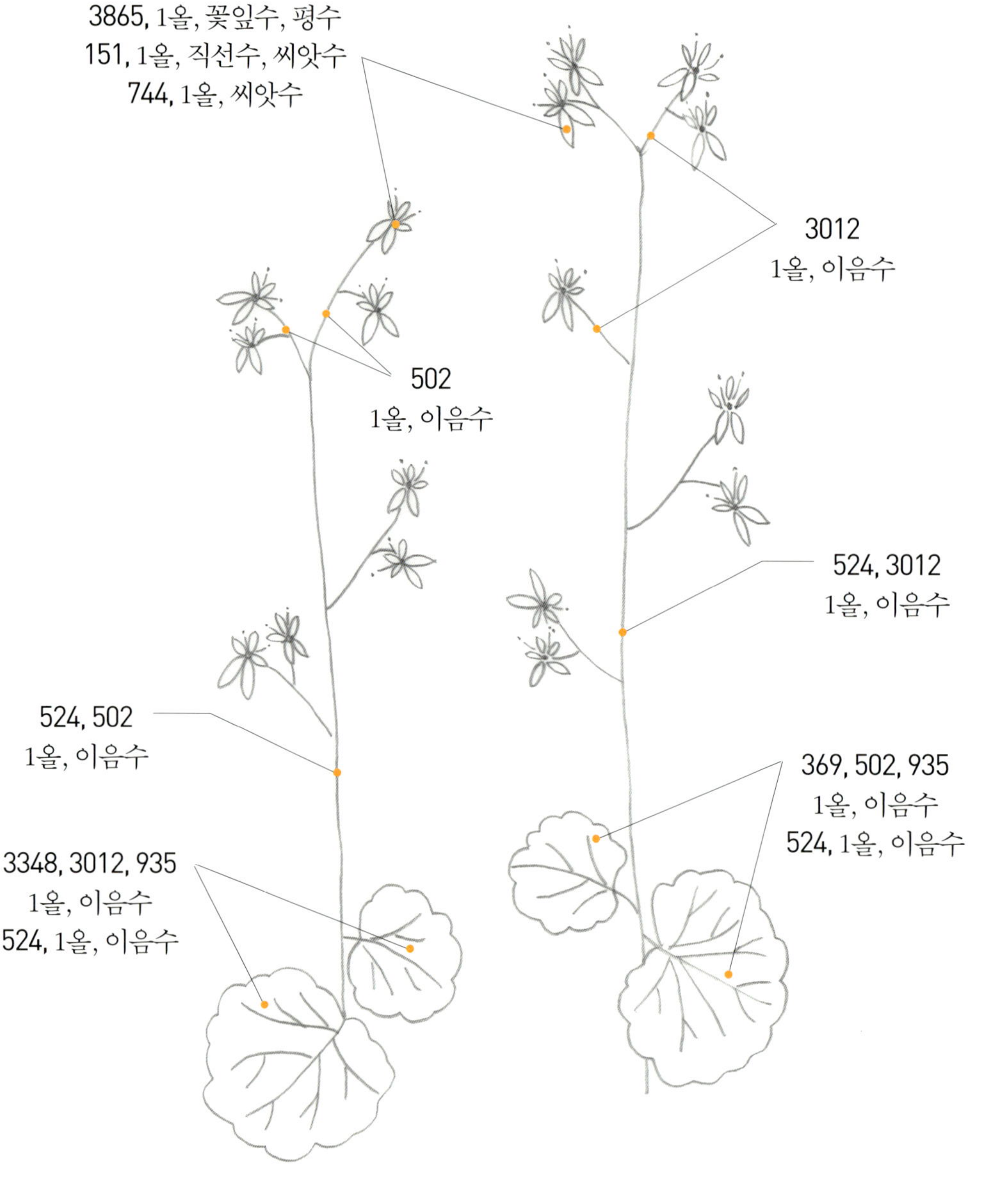

바위취 도안

마타리 *Patrinia scabiosaefolia* Fisch. ex Trevir.

마타리는 마타리과 여러해살이풀로 7~9월에 노란색의 꽃이 핀다.
마타리는 순우리말이며 뿌리에서 장 썩는 냄새가 난다하여 변을 뜻하는 고어인 '말' 에 줄기가 긴 '다리' 같다 하여 '말다리' 란 이름이 '마타리' 가 되었다는 설이 있다.
꽃말은 '미인' , '잴 수 없는 사랑' 이다.

세부사진

자수기법 실번호

실번호 _ 3823, 743, 744, 470, 731, 320, 505, 3348, 3052

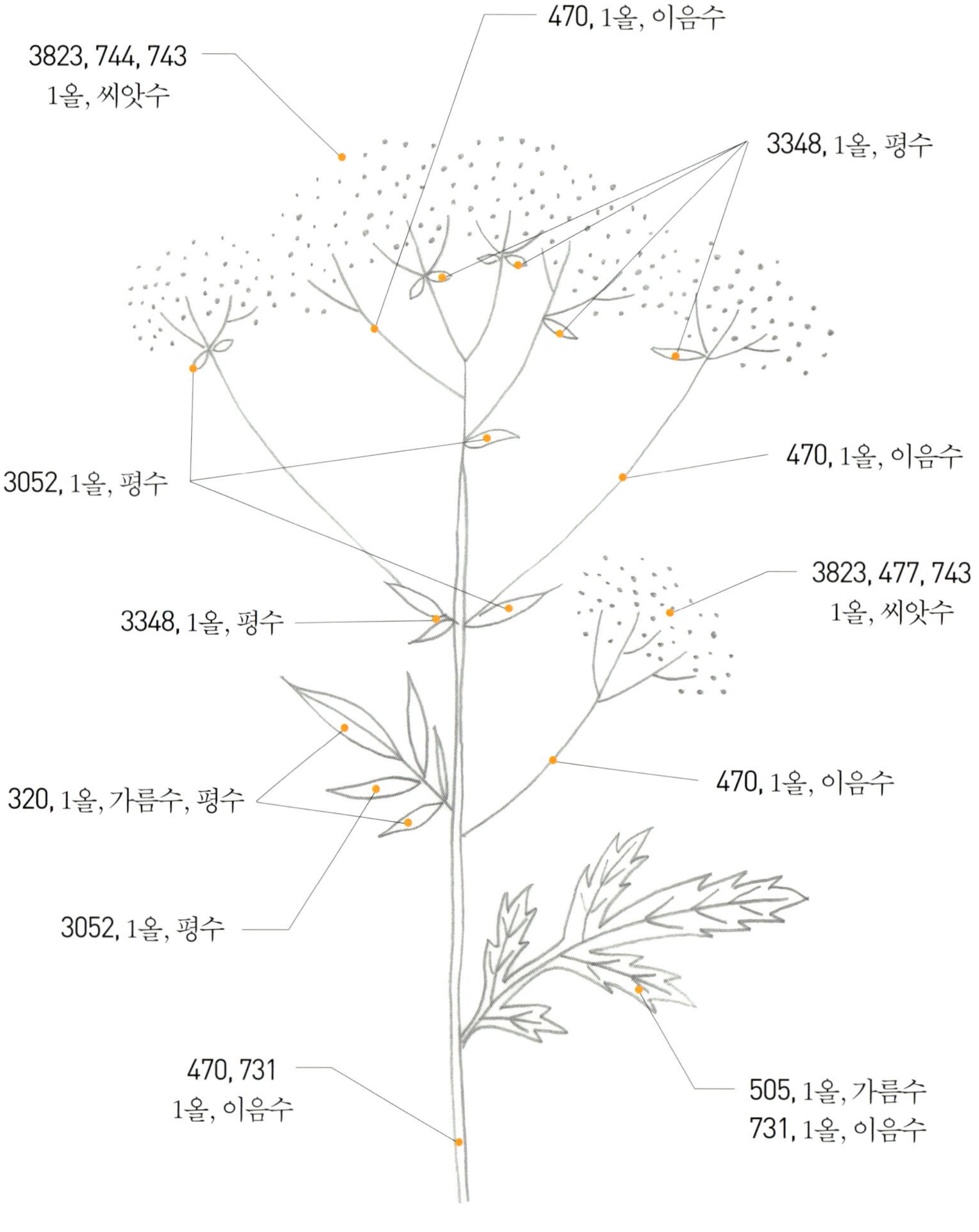

마타리 도안

홀아비꽃대 *Chloranthus japonicus* Siebold

홀아비꽃대는 홀아비꽃대과 여러해살이풀로 4~5월 흰색의 꽃이 핀다.
줄기에 꽃잎이 없이 꽃대만 있다 하여 '홀아비꽃대' 라고 부른다.
꽃말은 '외로운 사람' 이다.

세부사진

자수기법 실번호

실번호 _ 471, 3011, 3012, 3364, 500, 3865

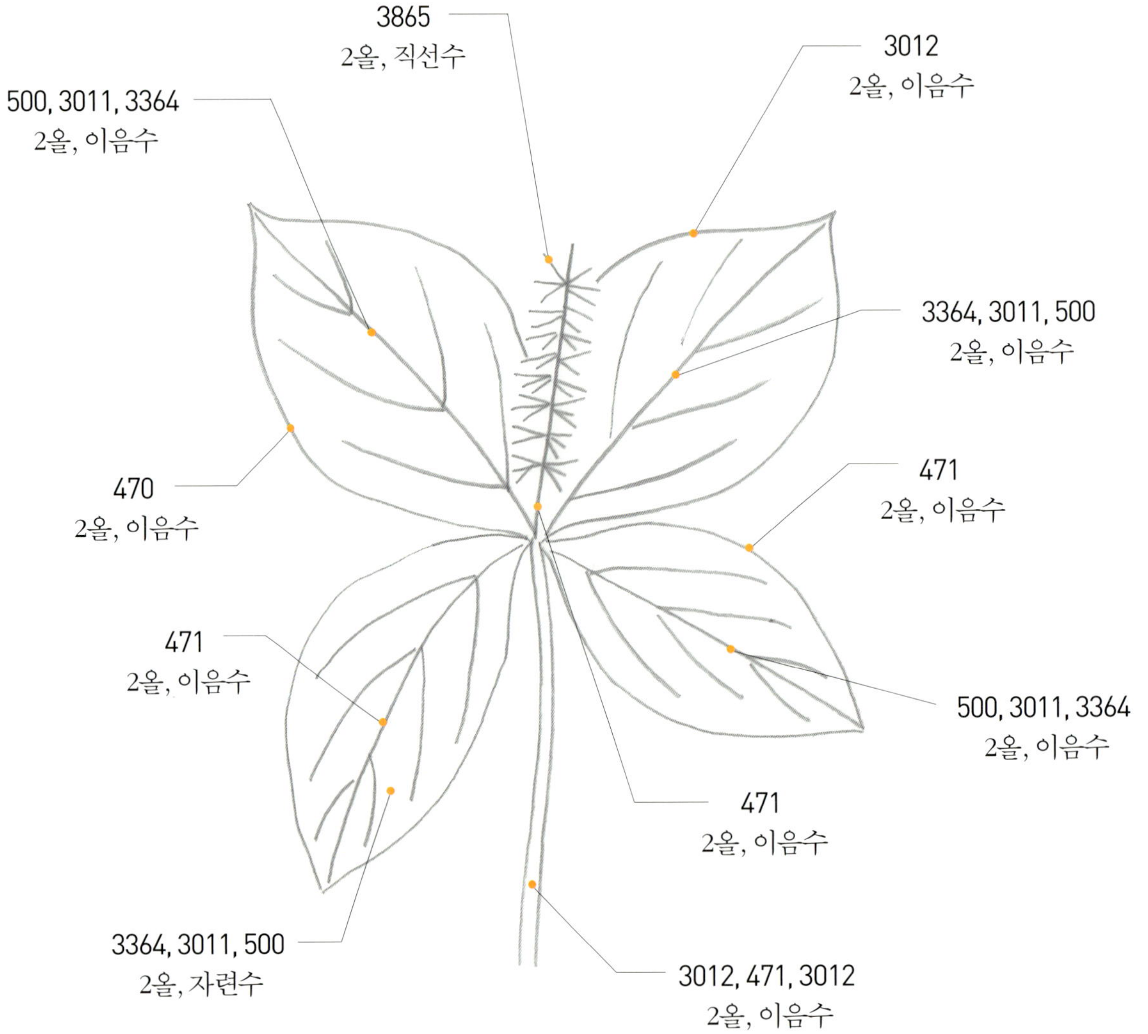

홀아비꽃대 도안

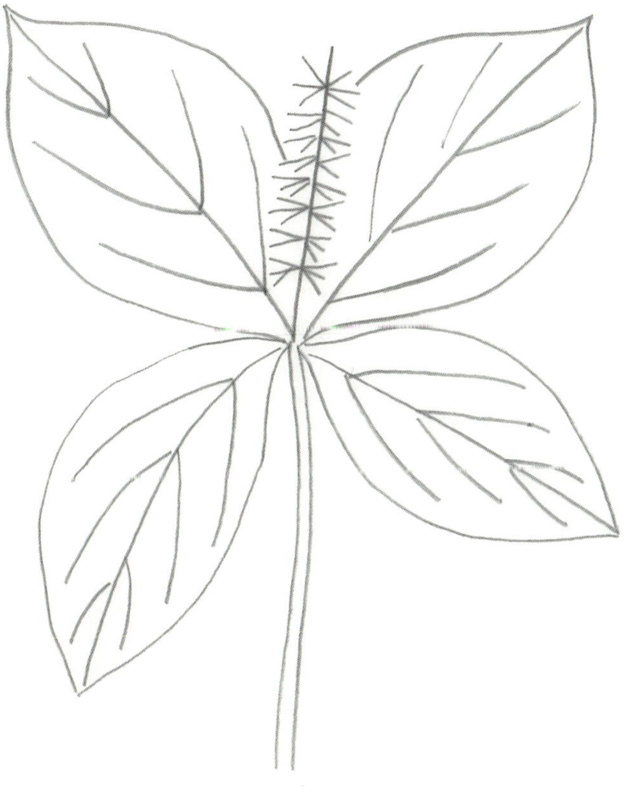

질경이 *Plantago asiatica L.*

질경이는 질경이과 여러해살이풀로 6~8월에 흰색의 꽃이 핀다.
잎이 질기고 잘 끊어지지 않는다 하여 붙여진 이름으로 '길장구', '빼부장', '뿌부쟁이' 라고도 부른다. 꽃말은 '발자취' 이다.

세부사진

자수기법 실번호

실번호 _ 3045, 523, 988, 368, 3345, 3346, 3348, 935

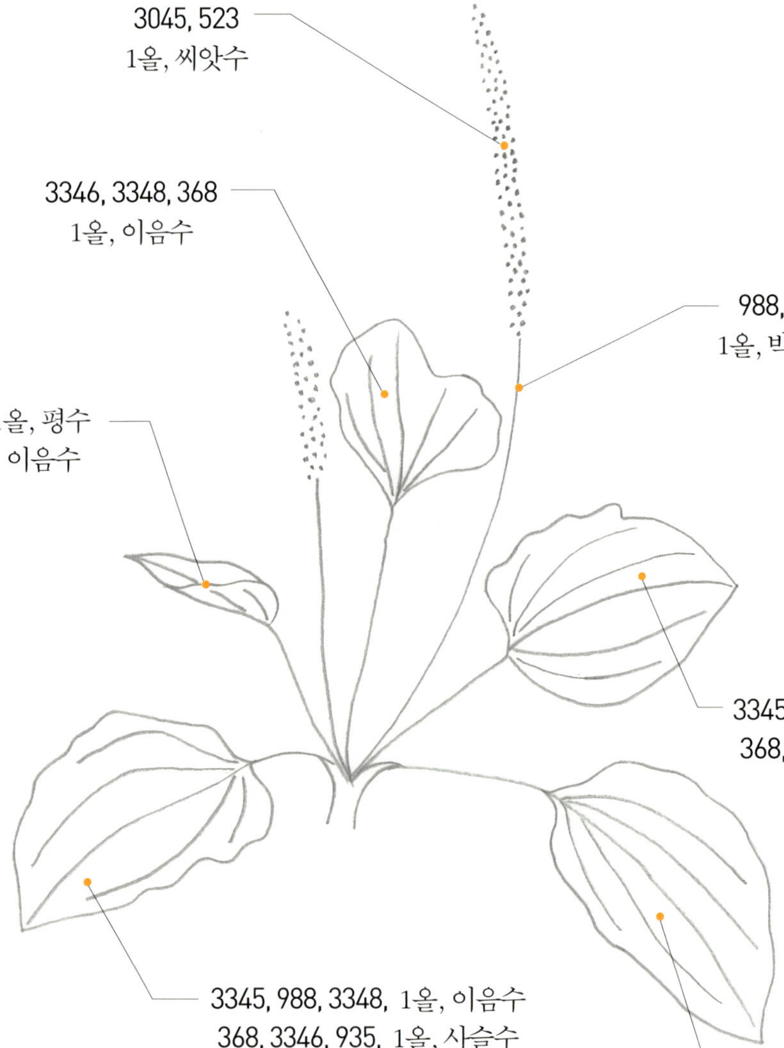

질경이 도안

엉겅퀴 *Cirsium japonicum* var. *maackii* (Maxim.) Matsum.

엉겅퀴는 국화과 여러해살이풀로 6~8월에 자주색의 꽃이 핀다. 피를 멈추고 엉기게 한다 하여 '엉겅퀴' 라 부르며, 엉겅퀴의 가시(잎의 뾰족한 부분)가 무척 따갑다 하여 '가시나물' 이라 부르기도 한다. 유사종으로는 지느러미엉겅퀴, 가시엉겅퀴, 바늘엉겅퀴가 있으며, 고려엉겅퀴는 가시가 없으며 어린잎은 곤드레나물이라고 한다. 엉겅퀴의 꽃말은 '독립', '근엄', '고독한 사람' 이다.

세부사진

자수기법
실번호

실번호 _ 3608, 3607, 917, 500, 502, 504, 988

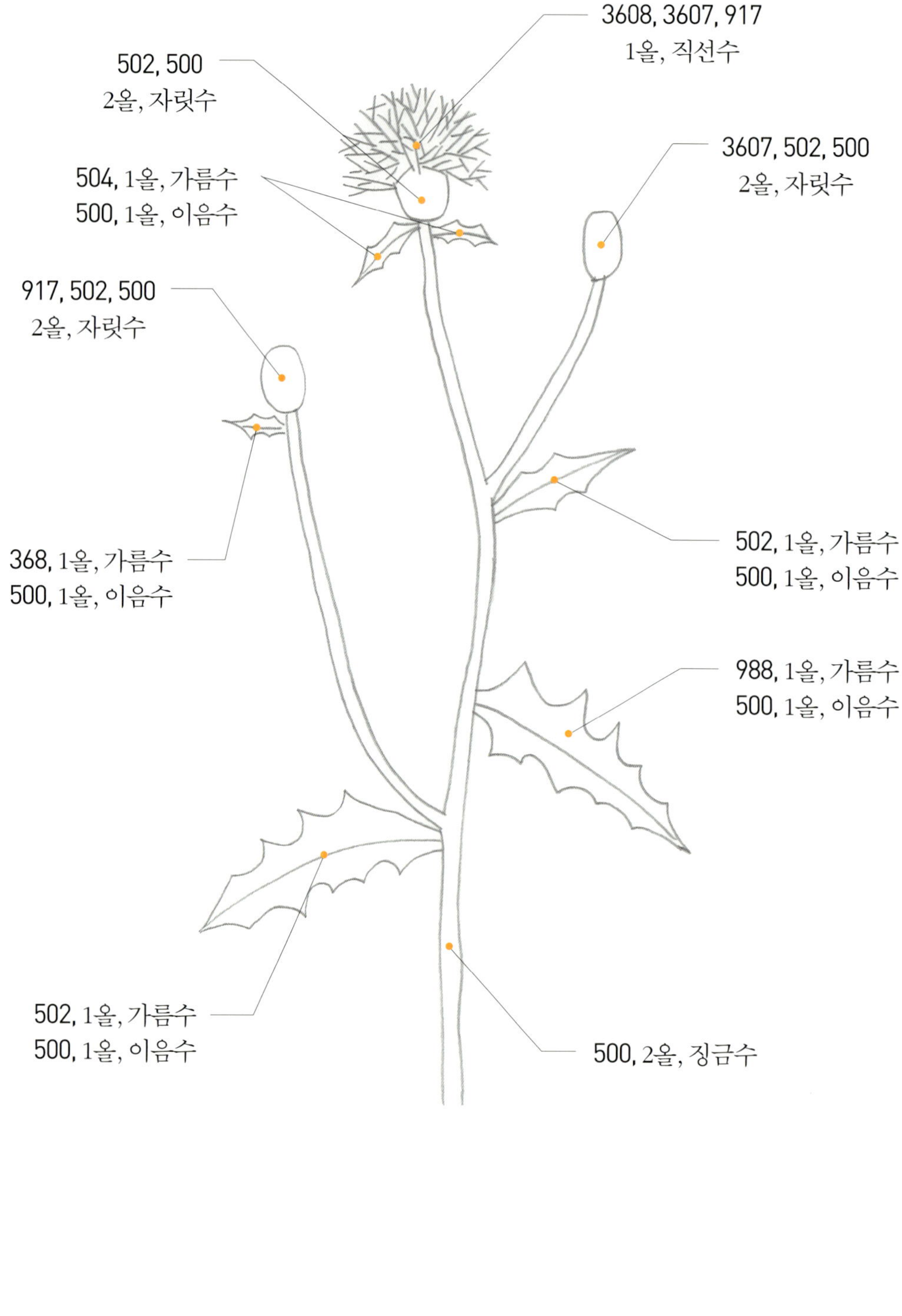

엉겅퀴 도안

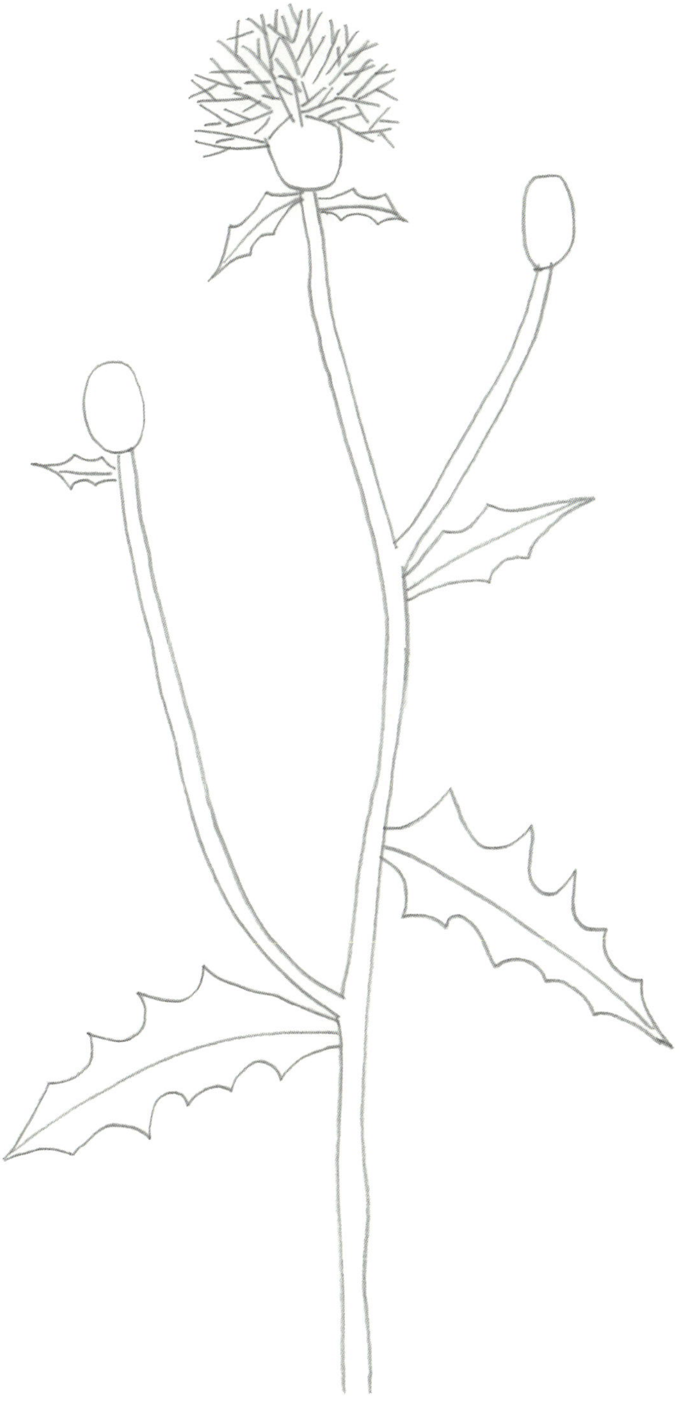

술패랭이 *Dianthus longicalyx* Miq.

술패랭이는 석죽과 여러해살이풀로 7~8월에 연한 홍자색의 꽃이 핀다.
'장통구맥', '낙양화(洛陽花)' 라고도 부르며, 꽃잎이 많이 갈라져 있어 '술패랭이' 라고 한다.
꽃말은 '순애', '거절' 이다.

세부사진

자수기법 실번호

실번호 _ 3078, 818, 151, 962, 3731, 367, 988, 319, 469, 3345, 3363, 502, 3053

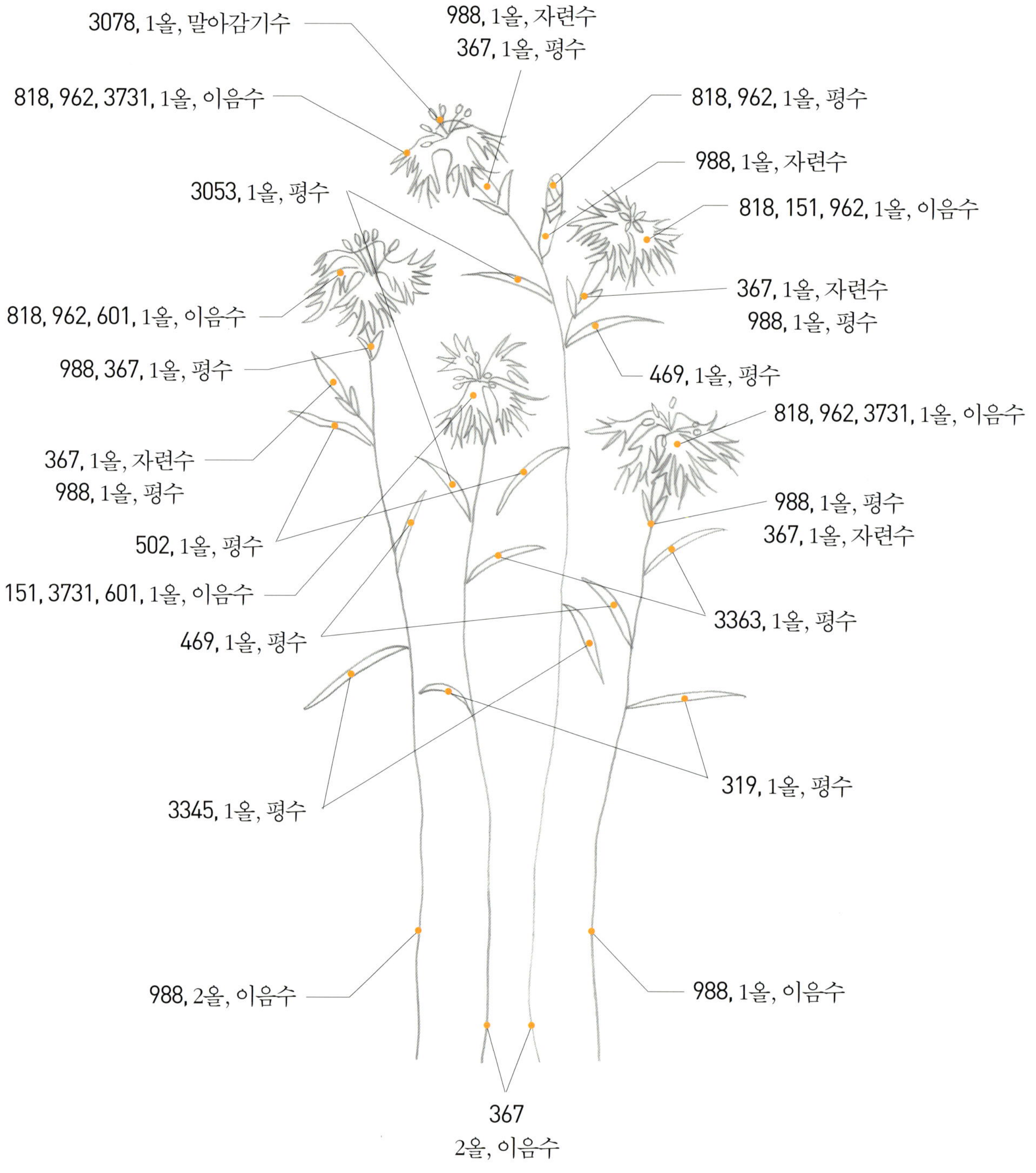

술패랭이 도안

刺繡

Embroidery

III

우리 문양 자수

Embroidery

나비 · 박쥐문

나비문(胡蝶紋) | 나비는 창조를 뜻하며 인간이 영원히 추구하는 변신의 상징으로 새로운 삶을 상징하는 것이다. 조선시대 부녀자들이 애용했던 화려한 문양으로 길상문과 결합하여 길상적 의미를 강조하였다.

박쥐문(蝙蝠紋) | 박쥐는 번식성이 강해서 수(壽), 부, 귀, 강녕, 다남(多男)의 오복 중 다남(多男)을 상징하는 문양으로 쓰였다.

세부사진

자수기법 실번호

자수기법 _ 이음수, 징금수

실번호 _ 522, 601, 612, 725, 823, 3829

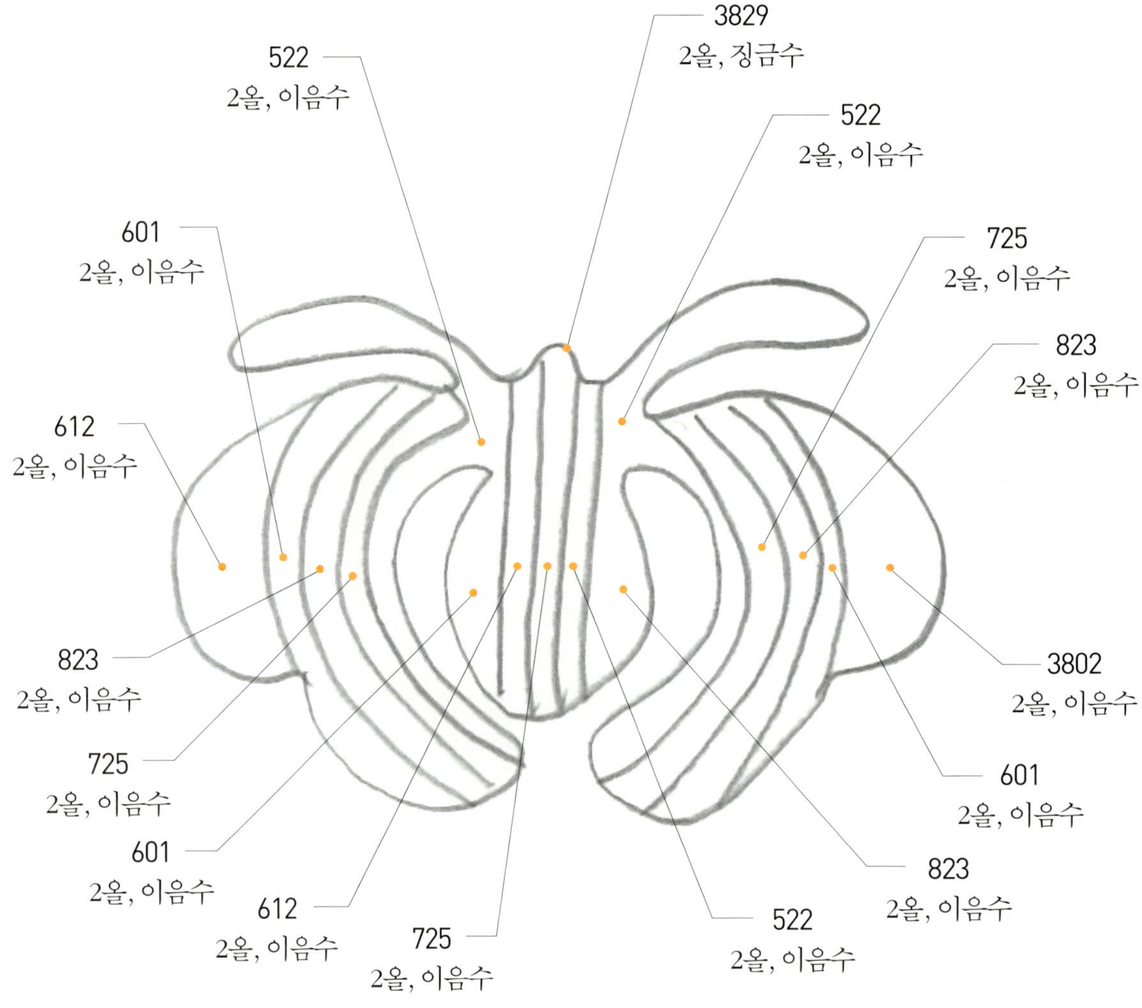

자수기법 실번호

자수기법 _ 이음수, 징금수
실번호 _ white, 310, 517, 744, 799, 3363, 3829

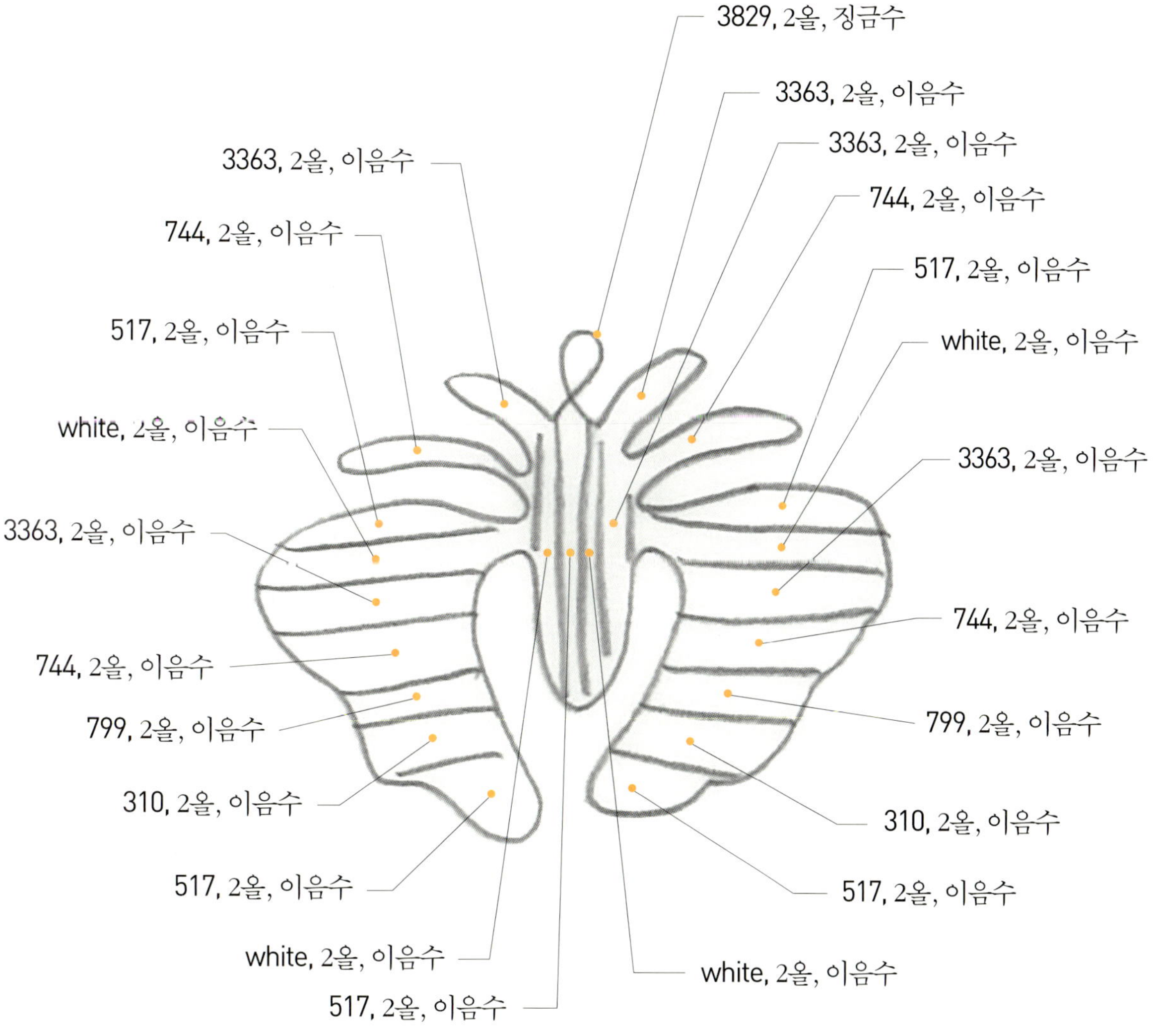

자수기법 실번호

자수기법 _ 이음수, 징금수

실번호 _ 310, 321, 517, 601, 744, 3363, 3841, 3829

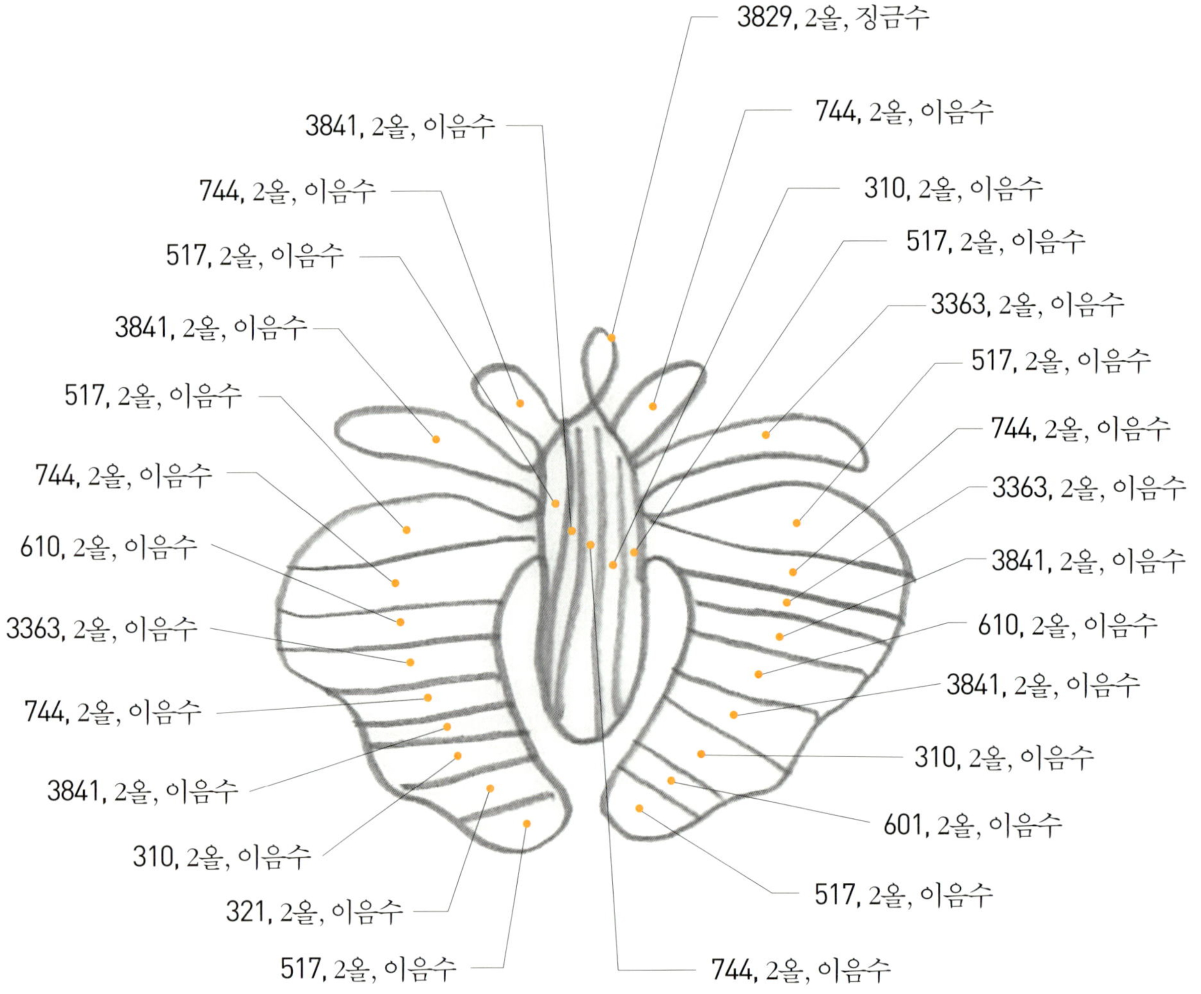

자수기법
실번호

자수기법 _ 이음수, 징금수

실번호 _ white, 725, 823, 917, 3829, 522

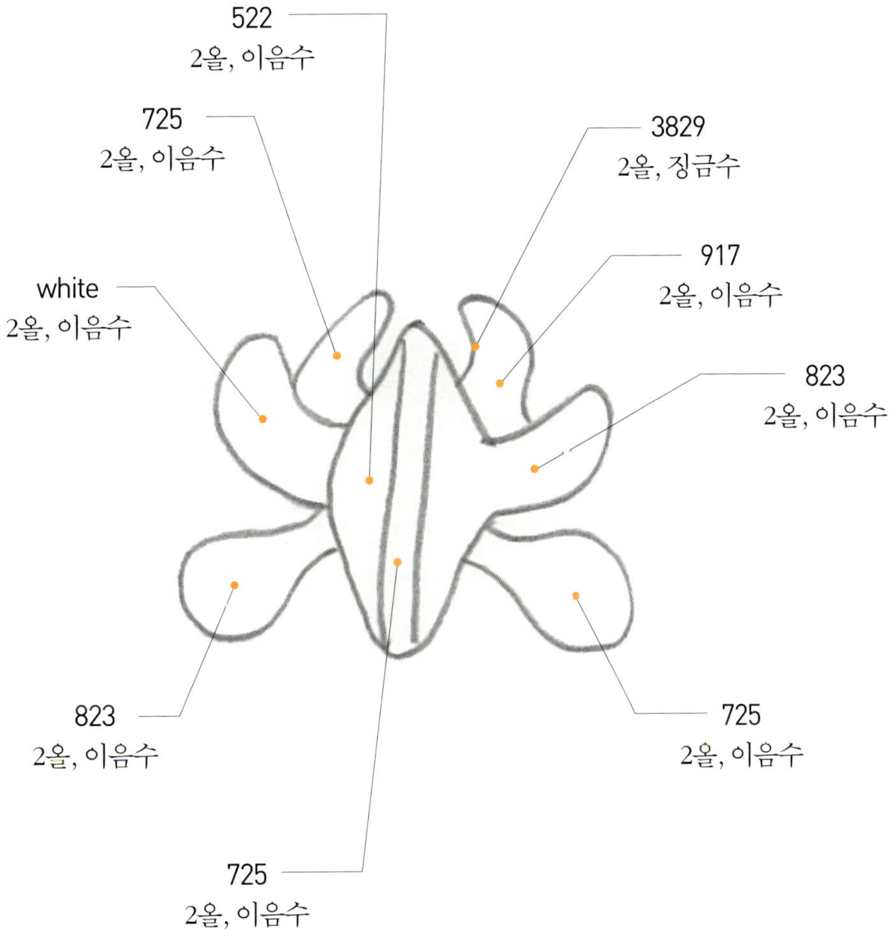

자수기법 실번호

자수기법 _ 이음수, 징금수

실번호 _ 612, 640, 823, 967, 3829

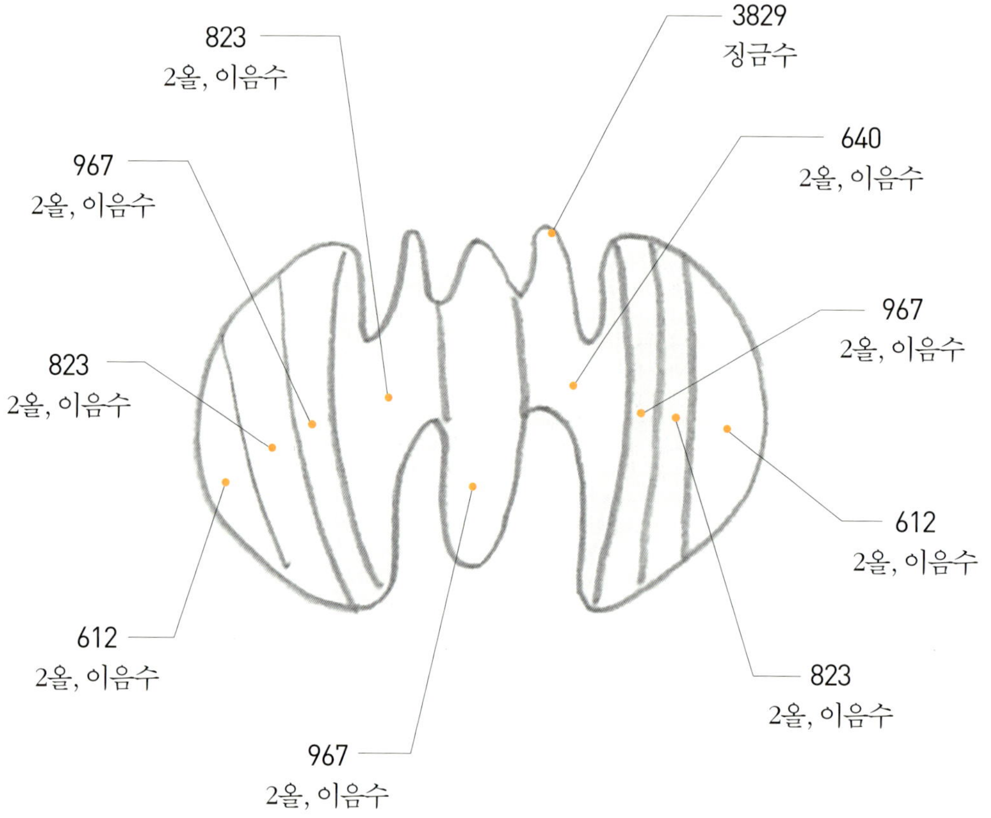

자수기법 실번호

자수기법 _ 이음수, 징금수

실번호 _ white, 522, 601, 612, 725, 823, 3829

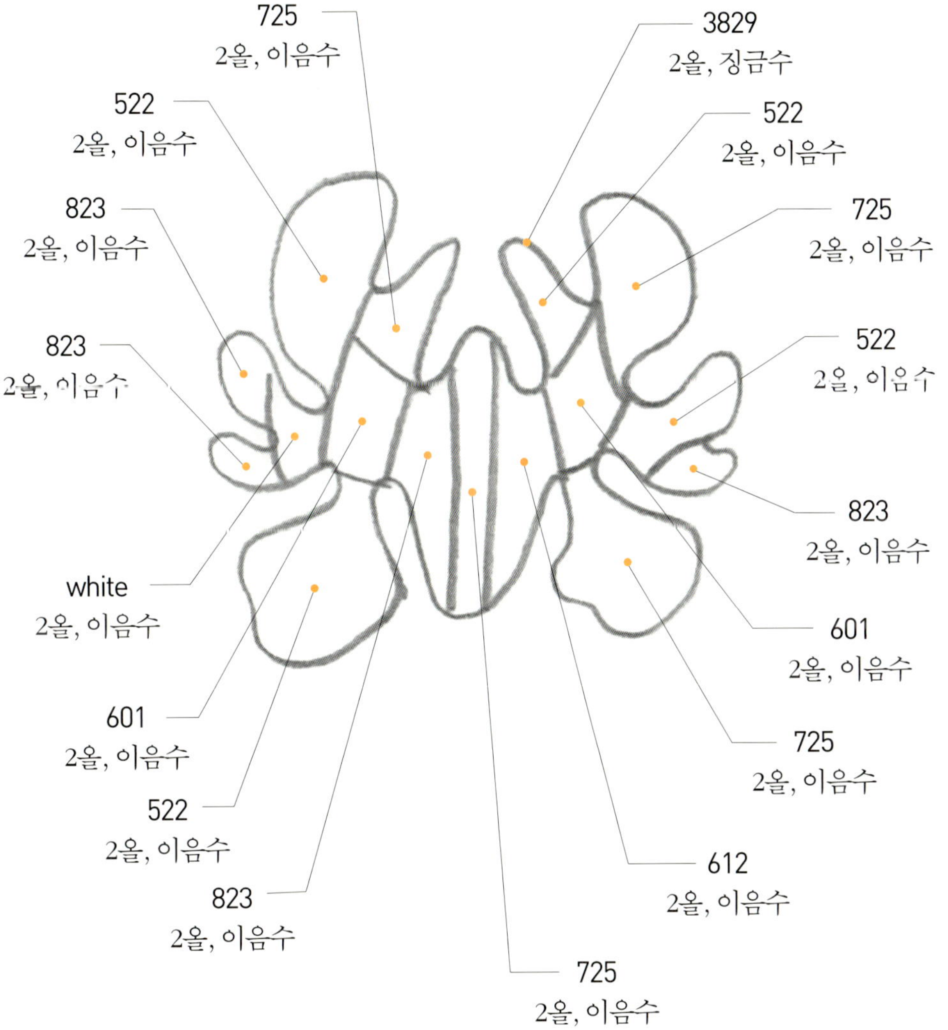

자수기법 실번호

자수기법 _ 이음수, 징금수

실번호 _ white, 522, 725, 823, 917, 3829

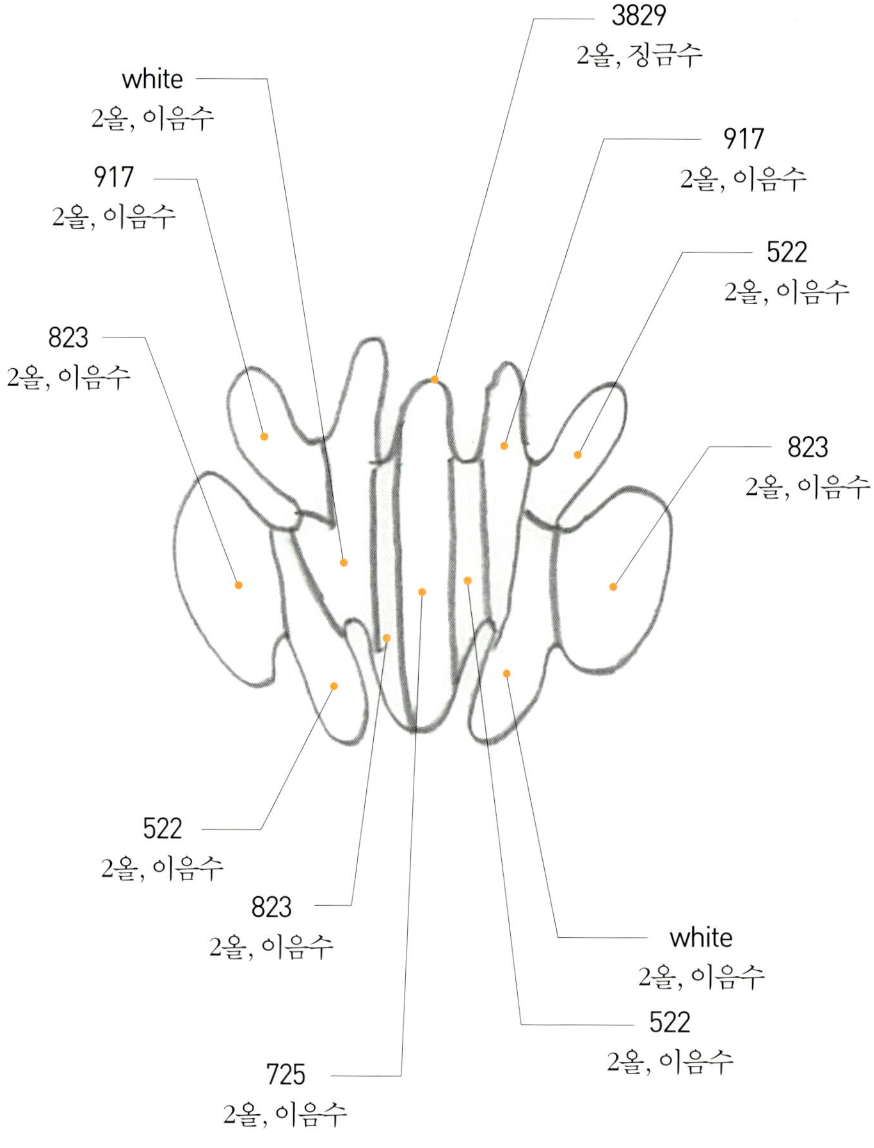

나비 · 박쥐문 도안

화병문 1

철종때 왕비나 공주방에서 사용했다는 8첩 길상도(吉祥圖) 병풍에 나오는 꽃과 화병을 수 놓았다.

세부사진

자수기법
실번호

자수기법 _ 잎(Y자수), 줄기(이음수), 꽃(자련수 · 평수), 항아리(평수), 테두리(이음수), 2올
실번호 _ 727, 743, 225, 961, 3689, 3733, 3831, 3832, 319, 501, 987, 3031, 3346, 645, 815, 823, 839, 842, 3685, 3799

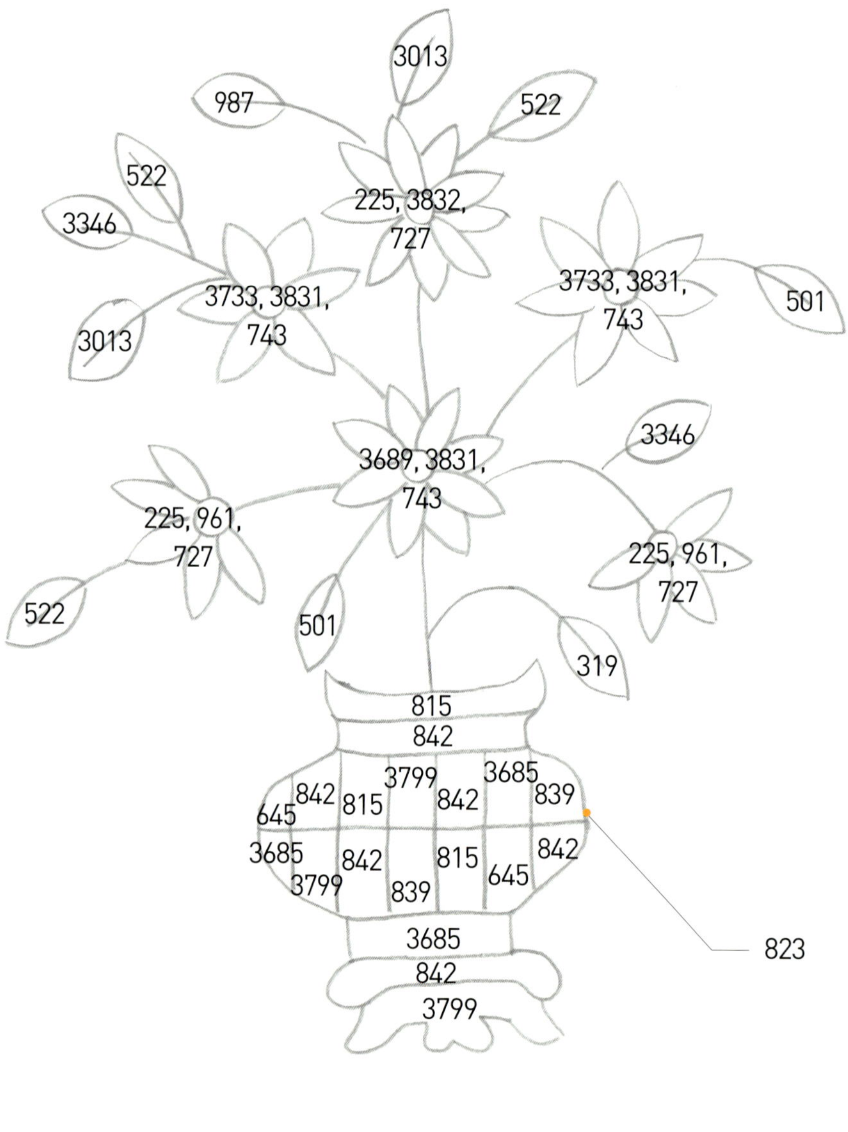

화병문1 도안

화병문 2

철종때 왕비나 공주방에서 사용했다는 8첩 길상도(吉祥圖) 병풍에 나오는 꽃과 화병을 수 놓았다.

세부사진

자수기법 실번호

자수기법 _ 줄기(이음수), 꽃(자련수 · 직선수 · 씨앗수), 봉우리(평수 · 직선수), 항아리(평수), 문자(이음수), 1올

실번호 _ 3826, 3829, 720, 721, 722, 162, 806, 3841, 726, 743, 744, 745, 563, 3685, 798, 832

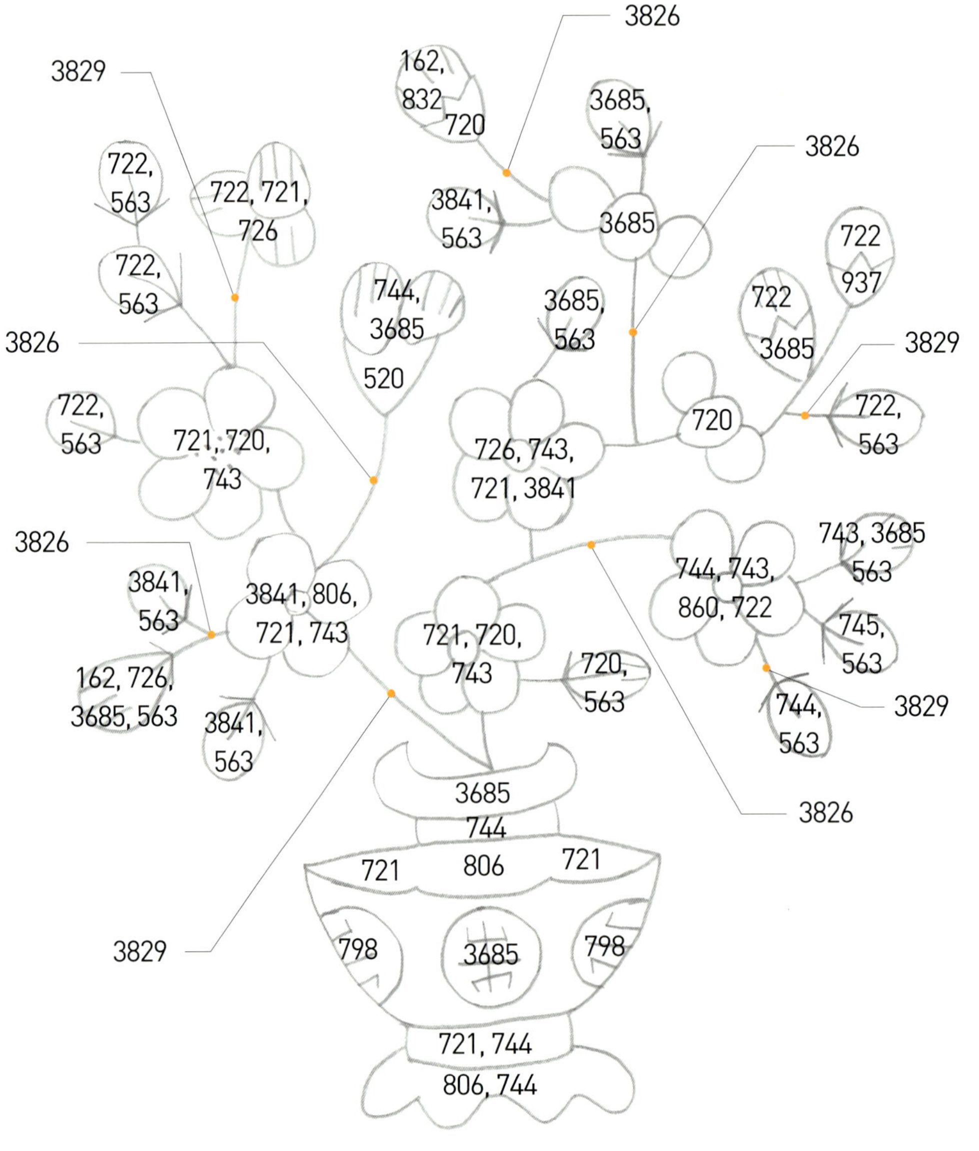

화병문2 도안

모란문

모란은 목단이라고도 하며, 예로부터 모양과 색채가 크고 화려하여 화중왕(花中王)으로 불리웠다. 그로인해 부귀영화와 길상을 상징하는 문양으로 각종 공예품의 장식문양으로 많이 사용되었다.

세부사진

자수기법 실번호

자수기법 _ 꽃(자련수, 씨앗수), 나뭇잎(가름수, 이음수), 줄기(이음수, 징금수)
실번호 _ 948, 3326, 3833, 3731, 3362, 3363, 3364, 3828, 167, 433, 839

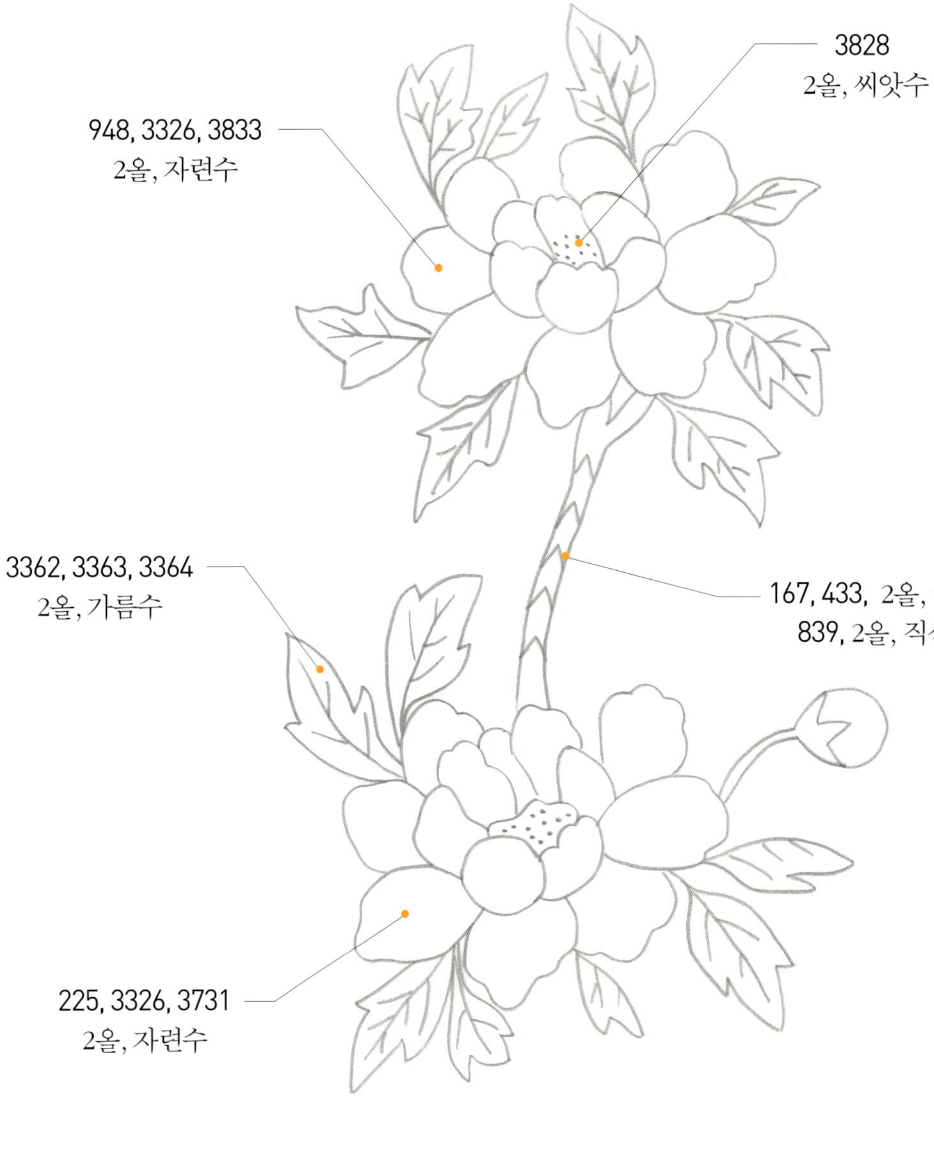

모란문1 도안

세부사진

자수기법
실번호

자수기법 _ 꽃(자련수, 씨앗수), 나뭇잎(가름수, 이음수), 줄기(이음수, 징금수)
실번호 _ 948, 3326, 3833, 3831, 3362, 3363, 3364, 3828, 433, 839

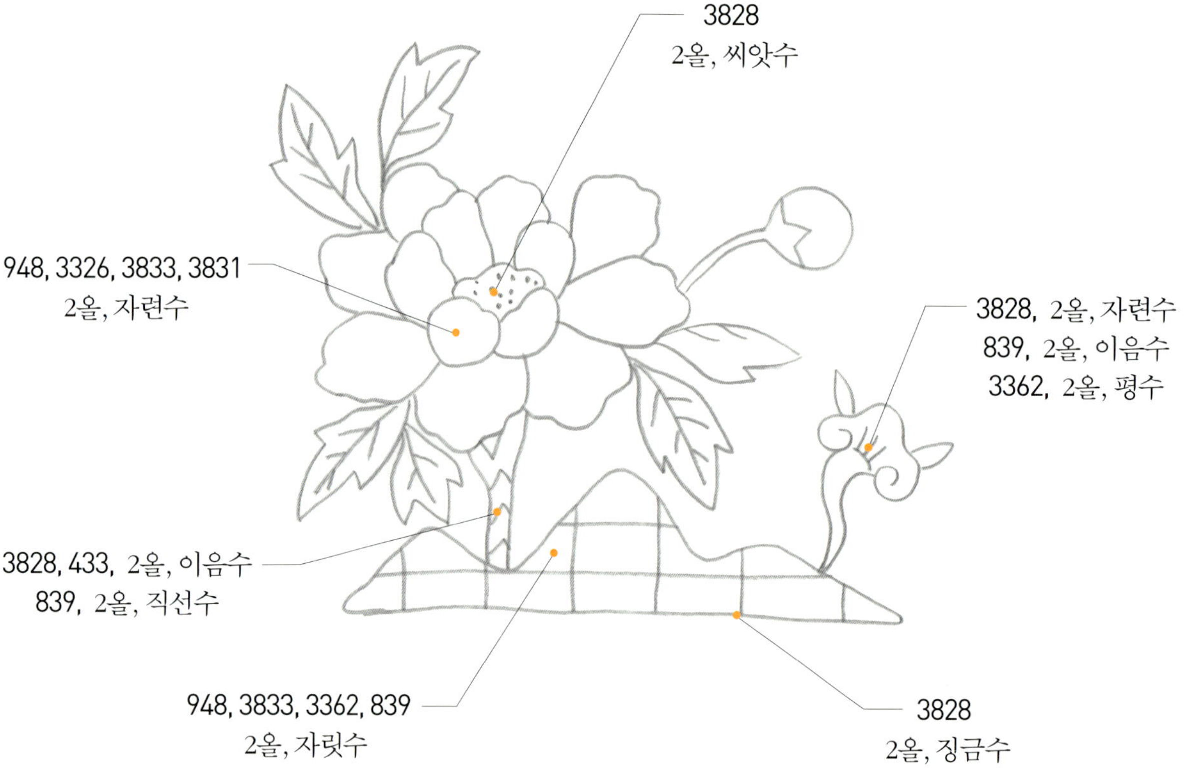

모란문2 도안

연화문

연꽃과에 속하는 다년생 수초로, 진흙 속에서도 깨끗하고 고귀하게 자라는 연꽃의 강한 생명력 때문에 연화는 예로부터 생명의 창조, 번영의 상징으로 애호되었다. 연한 분홍색 또는 흰색의 꽃은 7 ~ 8월경 꽃대 한 개에 한 송이씩 핀다.
연꽃의 꽃말은 '순결', '군자', '신성', '청정' 이다.

세부사진

자수기법 실번호

자수기법 _ 꽃(자련수, 1올), 줄기(이음수 · 직선수, 2올), 잎(이음수, 1올)

실번호 _ white, 3687, 3688, 3689, 3012, 3013, 731, 832, 471, 472, 3362, 3363

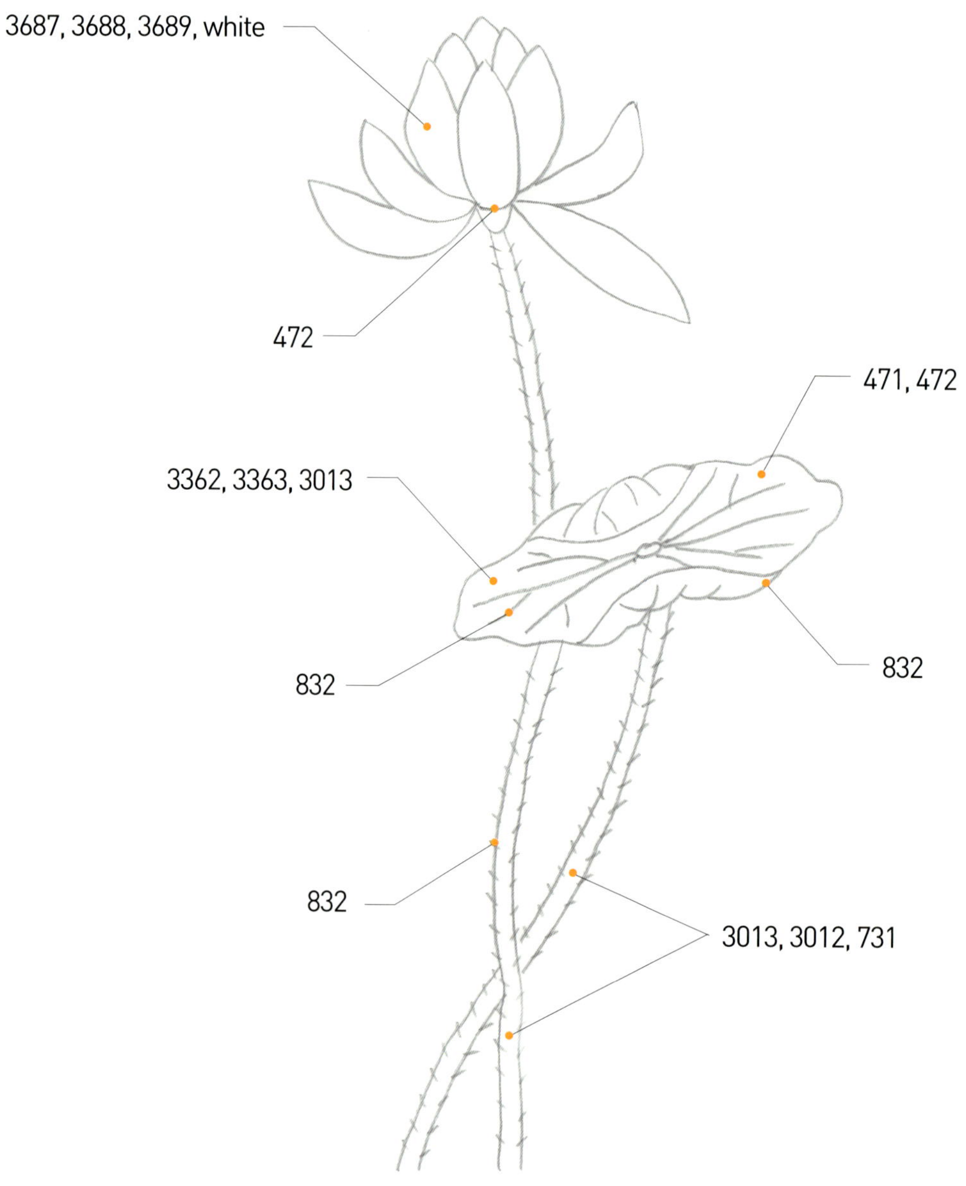

연화문1 도안

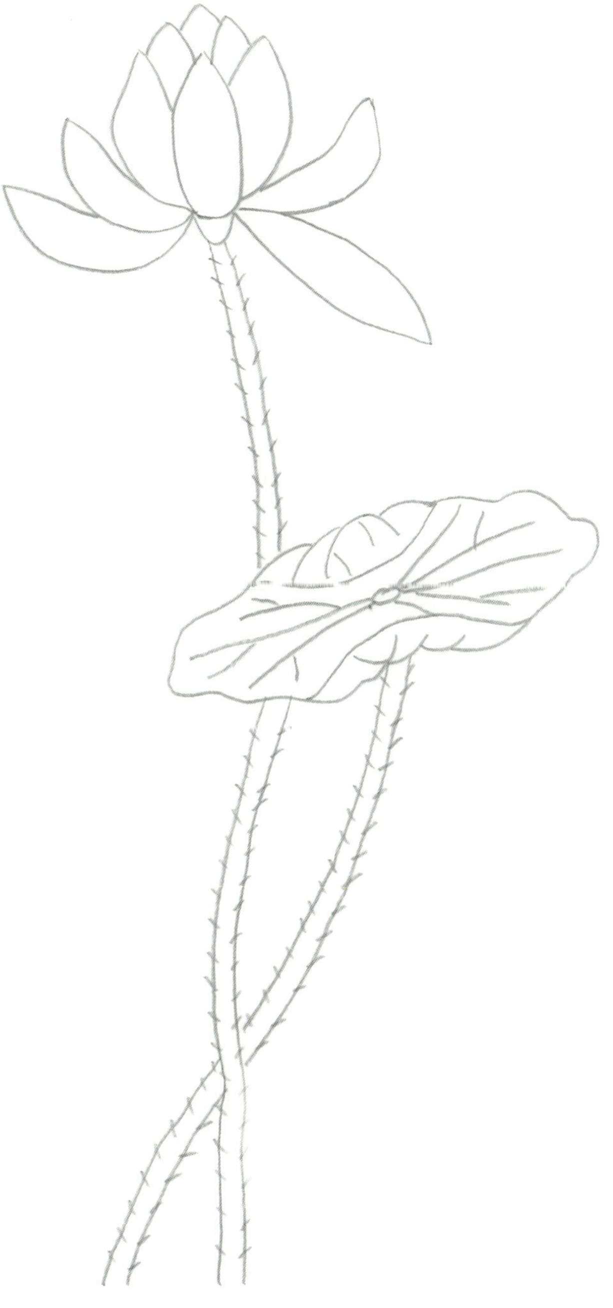

세부사진

자수기법 실번호

자수기법 _ 꽃(자련수, 1올), 잎(이음수, 1올), 줄기(이음수 · 직선수, 2올)

실번호 _ white, 3687, 3688, 3689, 368, 369, 469, 470, 471, 472, 522, 731, 829, 832, 841, 989, 3012, 3013, 3032, 3348, 3363, 3822, 3863

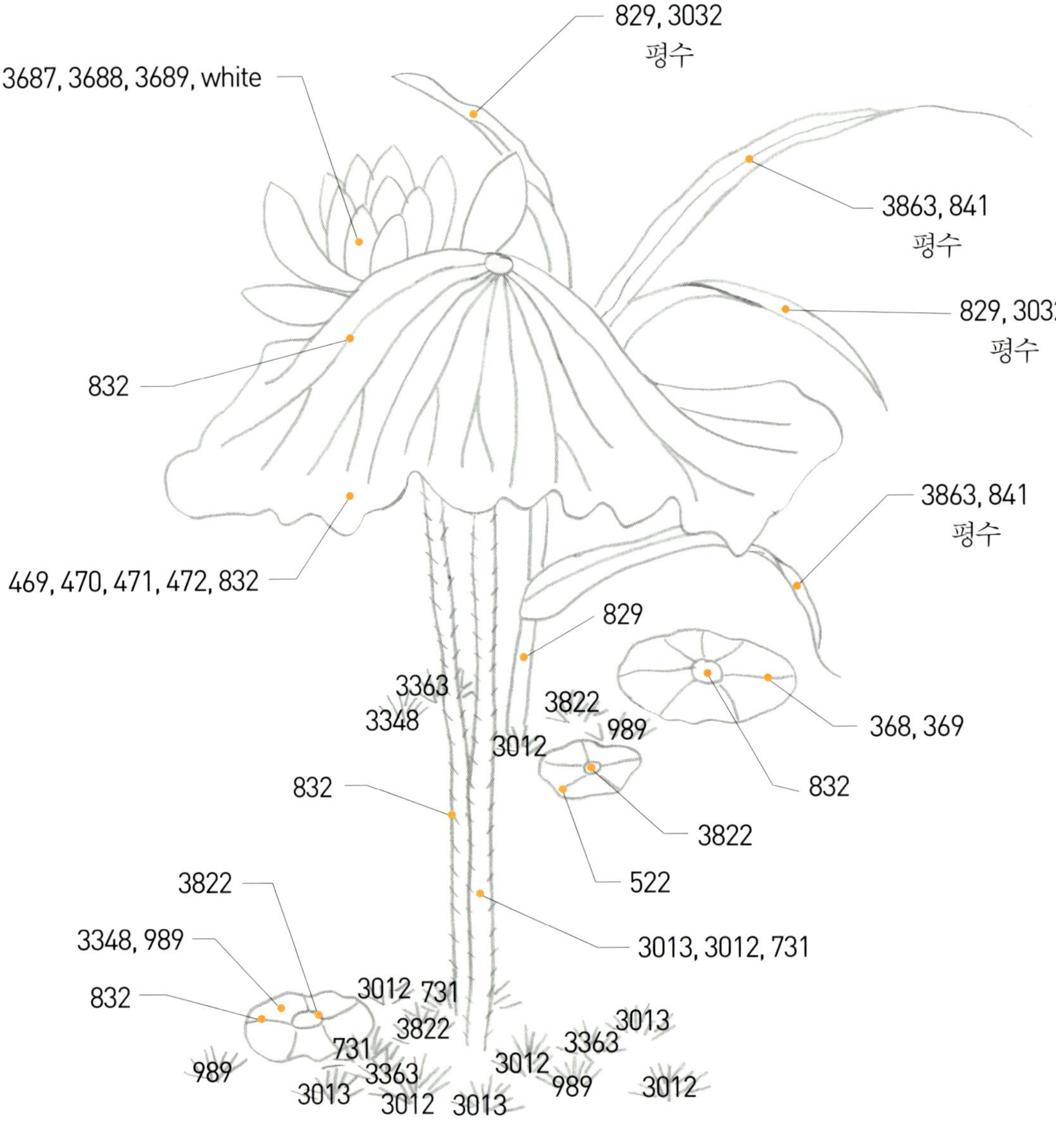

연화문2 도안

세부사진

자수기법
실번호

자수기법 _ 새(평수, 1올), 꽃(자련수, 1올), 잎(이음수, 1올), 줄기(이음수 · 직선수, 2올)
실번호 _ white, 3687, 3688, 3689, 310, 367, 368, 369, 420, 422, 727, 743, 731, 830, 832, 936, 3341, 3012, 3013, 3828, 3765, 3766, 3832

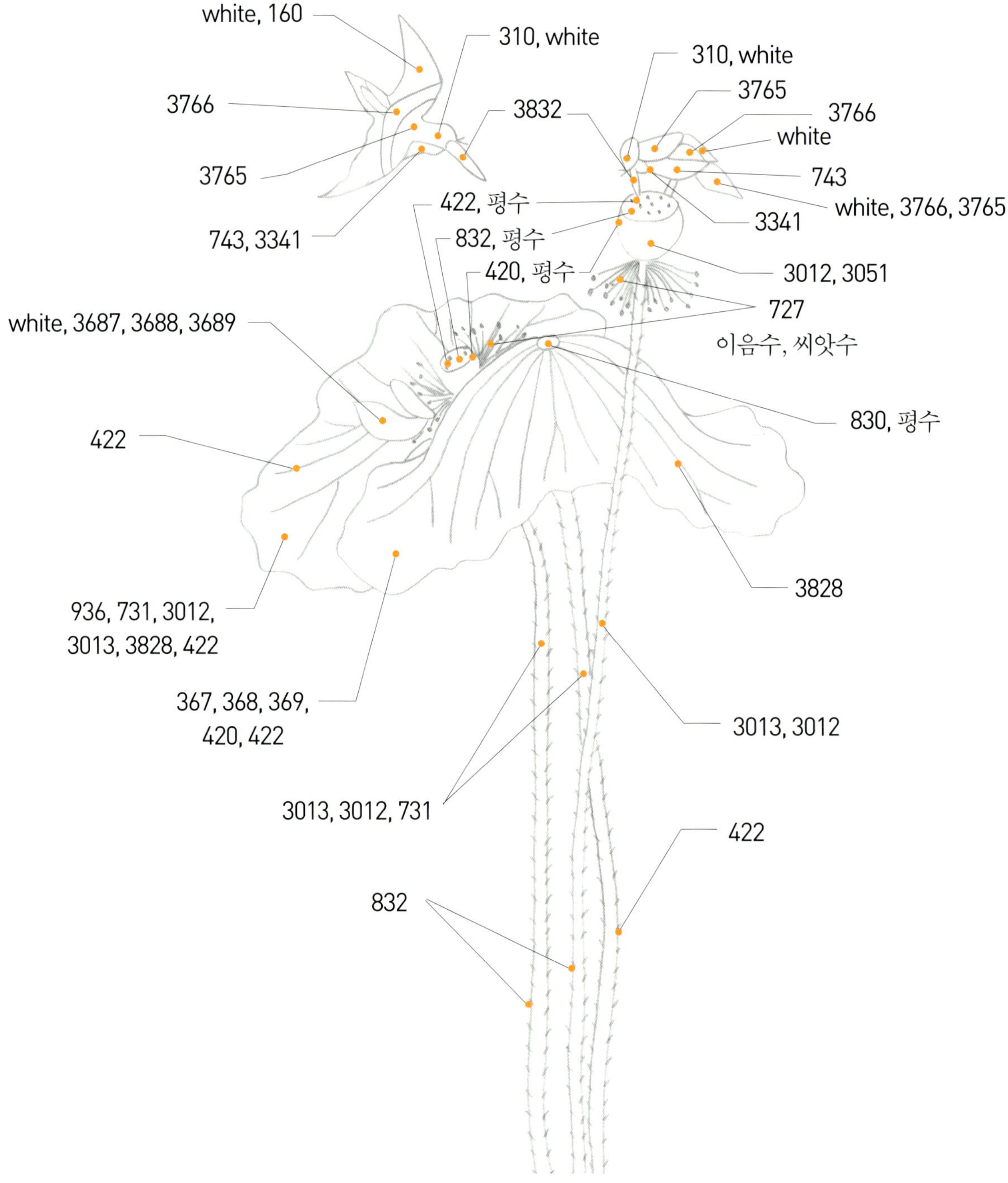

연화문3 도안

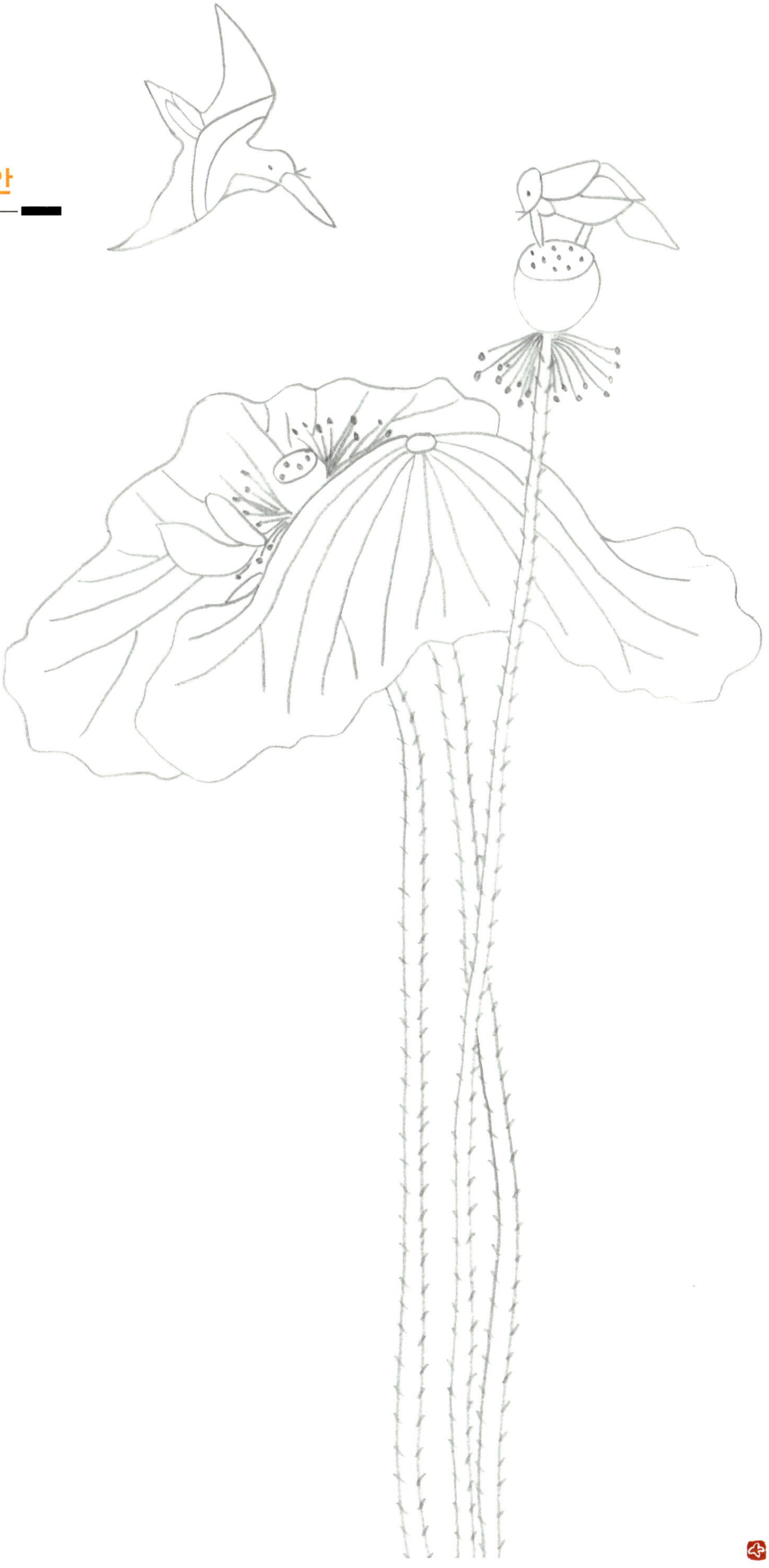

추상문

꽃과 새, 길상어문의 도안을 추상화하였다.

세부사진

자수기법 실번호

자수기법 _ 평수, 씨앗수, 징금수, 1올

실번호 _ 310, 316, 327, 3821, 3777, 3778, 829, 500, 501, 502, 522, 3051, 809, 3851

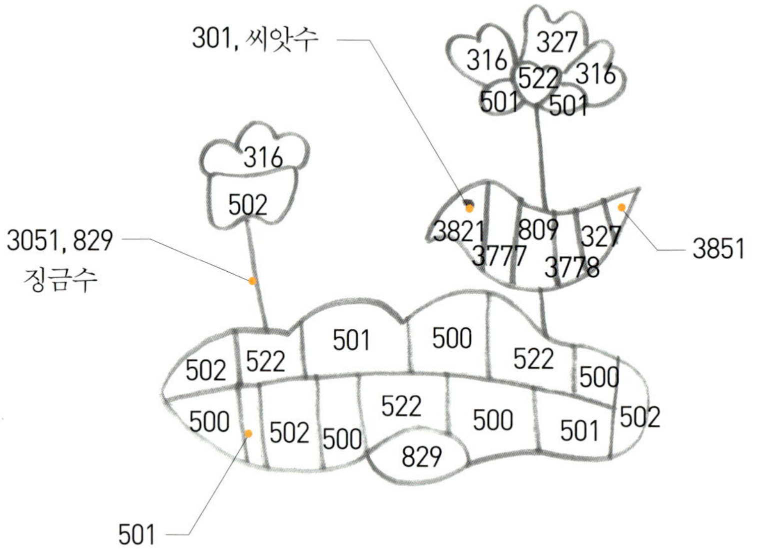

자수기법 실번호

자수기법 _ 평수, 이음수, 1올

실번호 _ 316, 327, 3687, 3688, 3689, 501, 502, 522

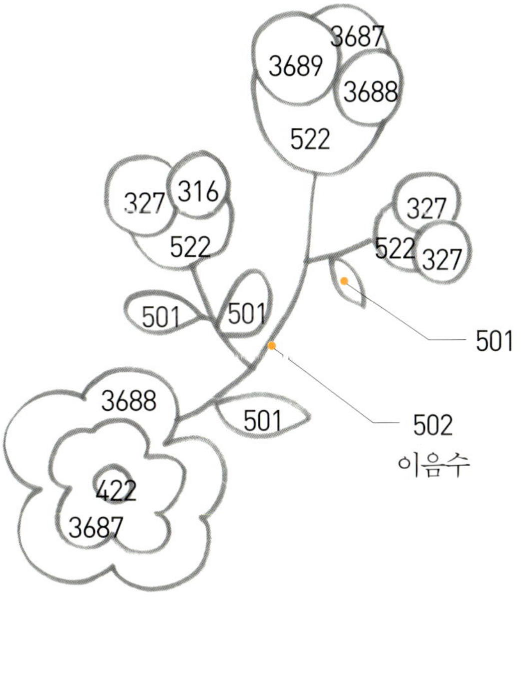

자수기법
실번호

자수기법 _ 평수, 이음수, 1올

실번호 _ 3811, 3766, 3777, 3778, 3779, 500, 501, 502, 522, 159, 3799

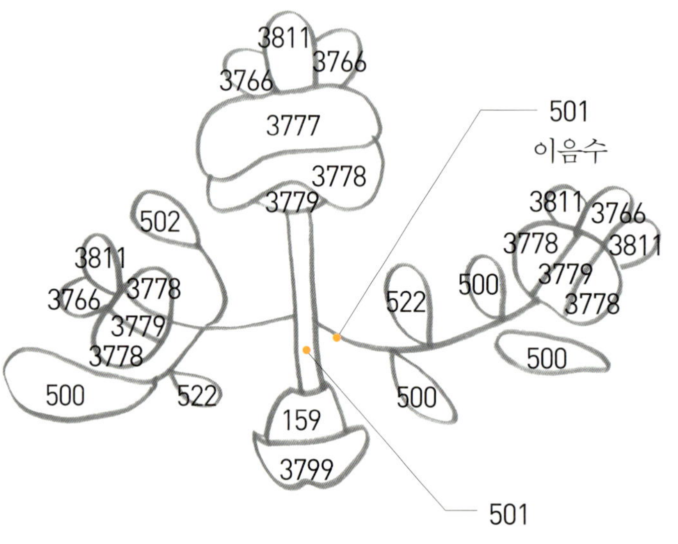

자수기법 실번호

자수기법 _ 평수, 1올

실번호 _ 422, 501, 522, 327, 3766, 3777, 3778, 3799

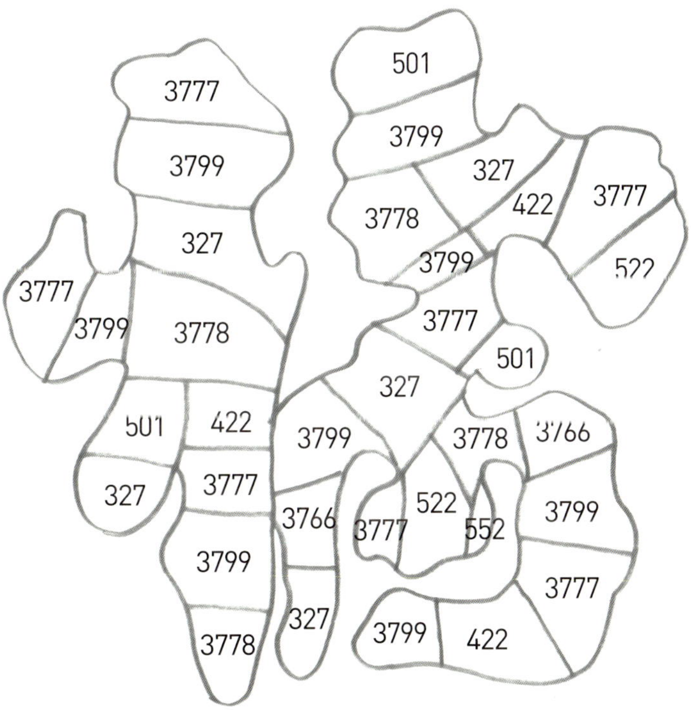

자수기법
실번호

자수기법 _ 평수, 1올

실번호 _ 327, 422, 501, 522, 3766, 3777, 3778, 168, 3799

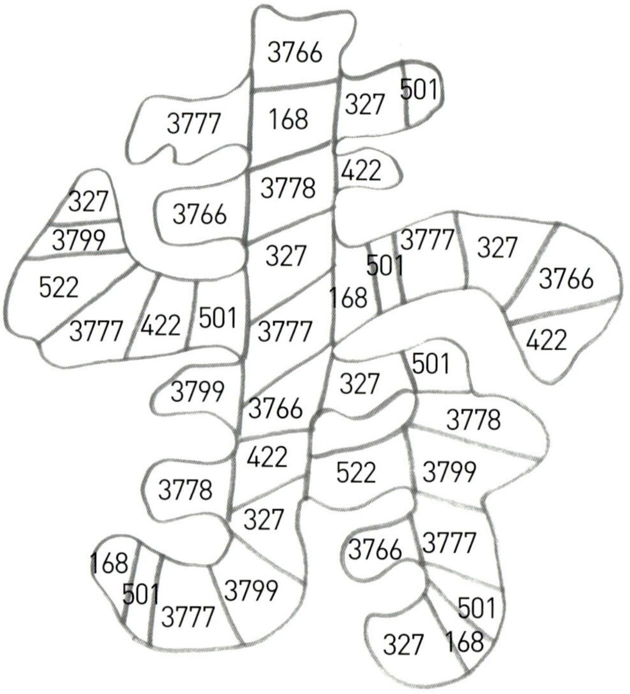

추상문 도안

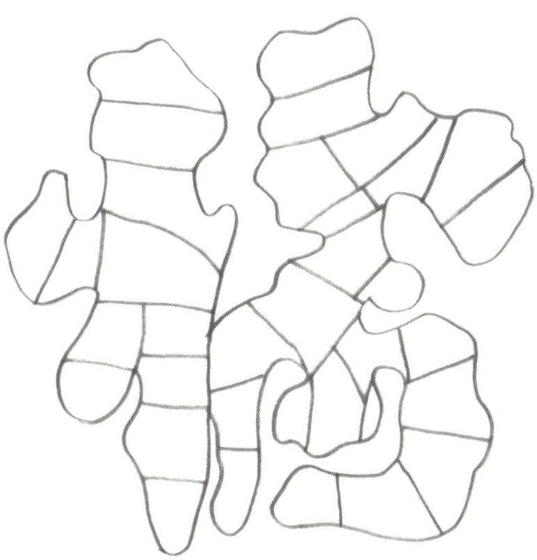

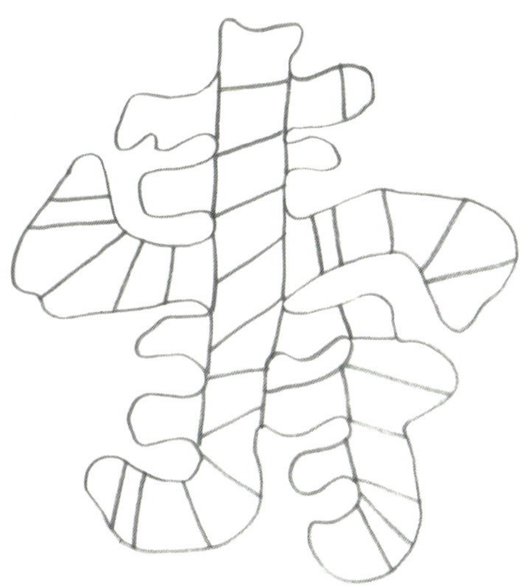

매화 · 학 · 길상어문

늦은 겨울 이른 봄의 추위 속에 피는 매화의 강인한 특성은 여성의 지조있는 절개를 상징하는 문양으로 사용되어 왔다. 또한 학은 십장생 중의 하나로 천수와 신분의 고귀를 상징하며, 부드럽고 온화한 느낌을 주는 여성적 문양으로 장식의 소재로 많이 사용되었다. 길상어문은 길상을 내용으로 하는 한자문을 무늬화하여 사용하였다.

세부사진

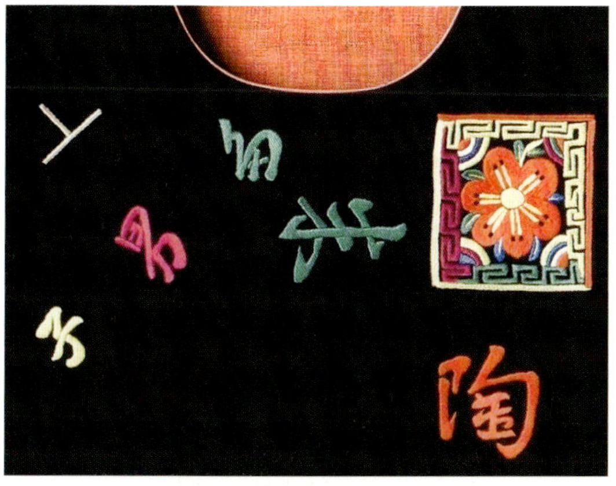

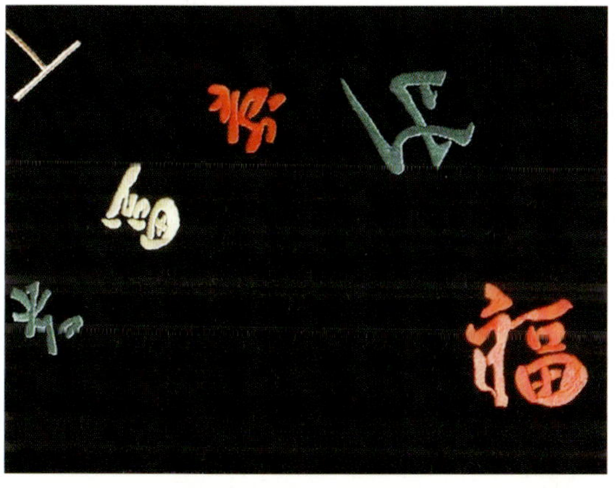

자수기법 실번호

자수기법 _ 사선평수, 자련수, 가름수, 이음수, 2올
실번호 _ 310, 350, 502, 917, 798, 3822

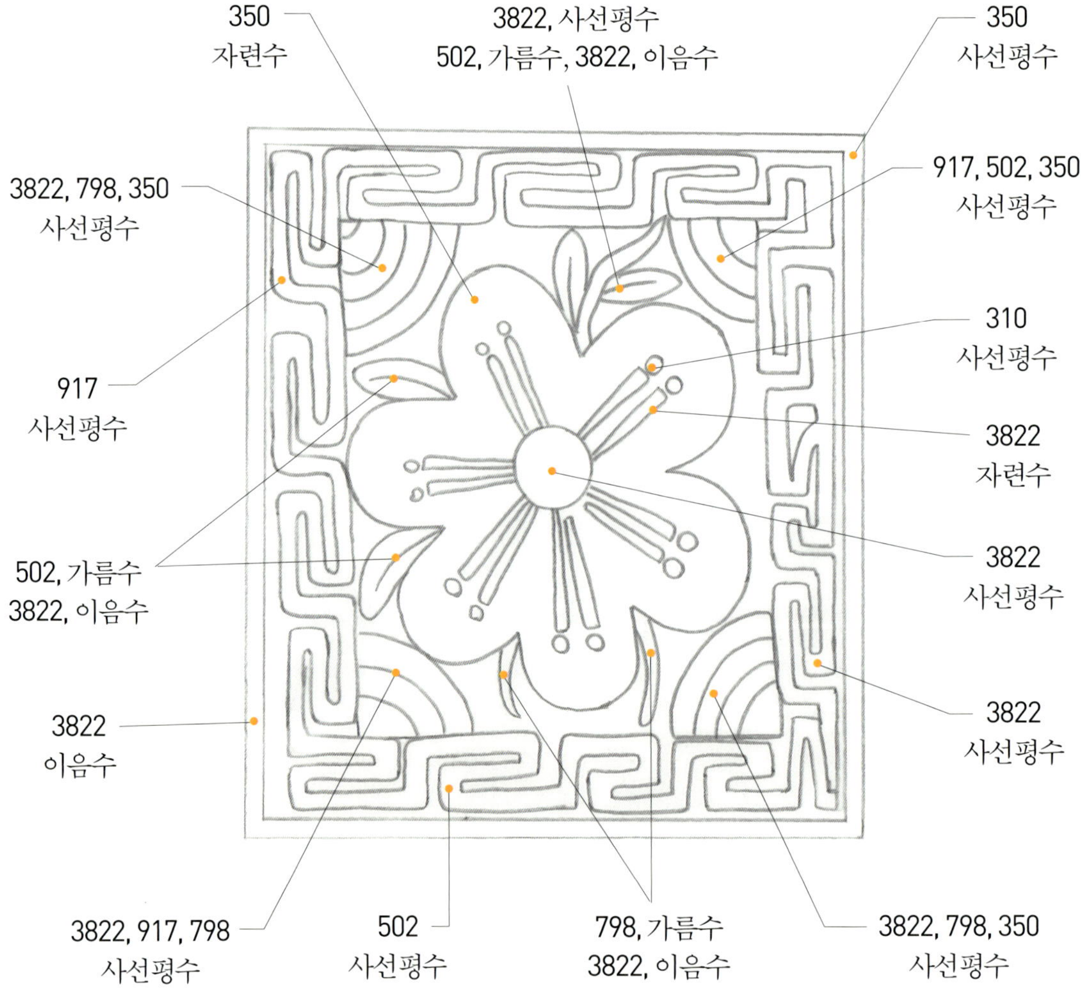

매화문 도안

자수기법 실번호

자수기법 _ 자련수, 이음수, 평수, 2올

실번호 _ 310, 350, 502, 798, 917, 3822, 3823

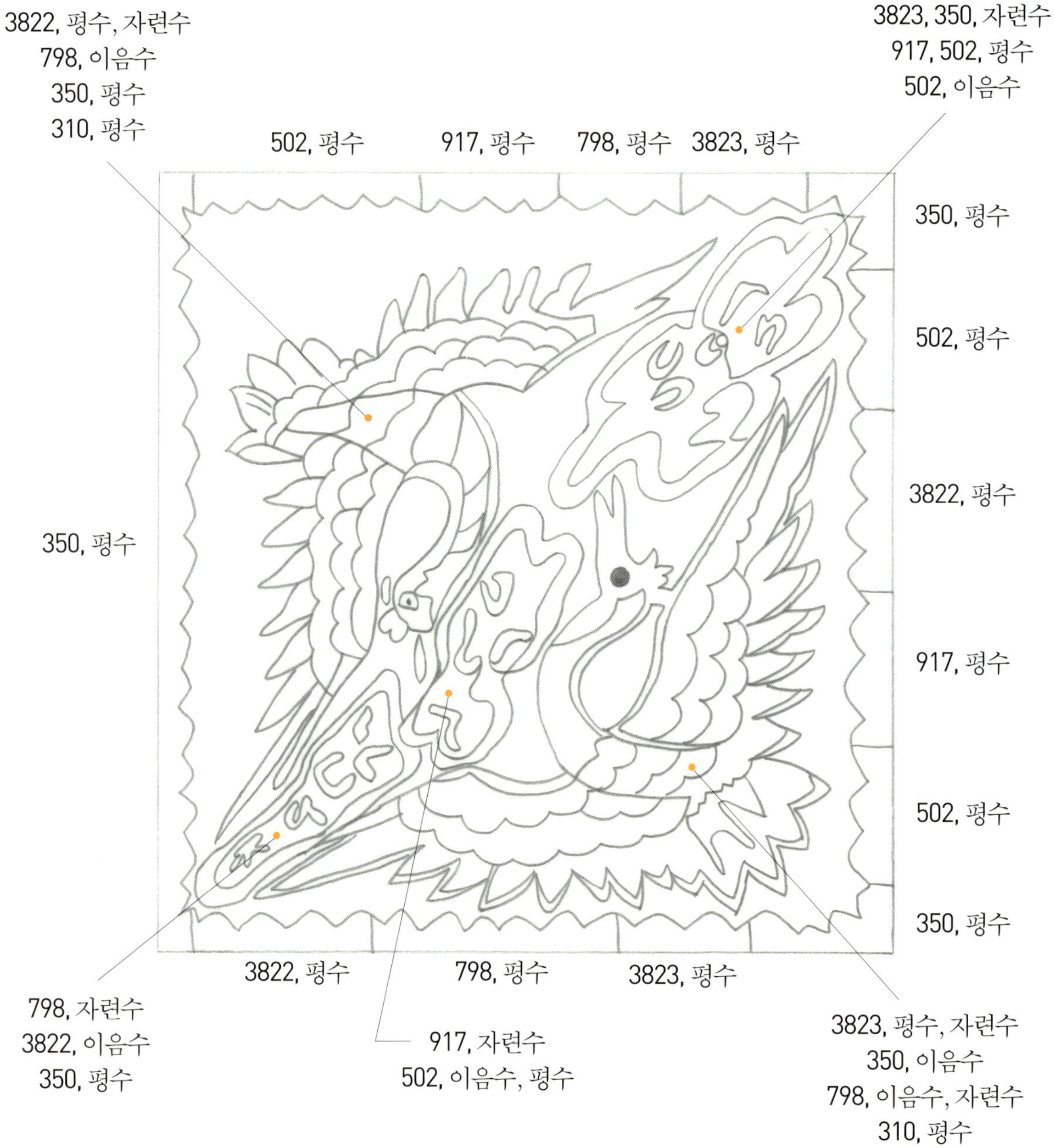

학문 도안

자수기법 실번호

자수기법 _ 사선평수, 2올

실번호 _ 3078, 917, 502

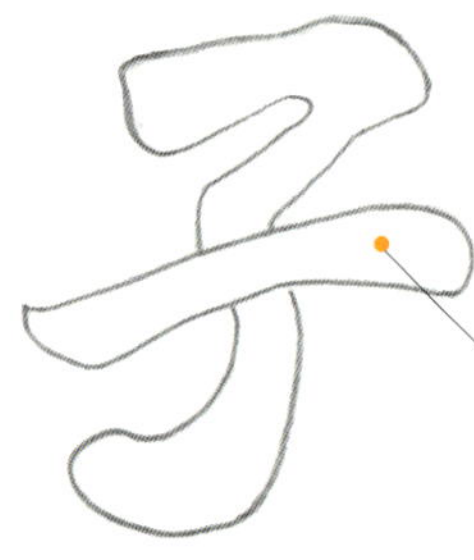

3078
2올, 사선평수

917
2올, 사선평수

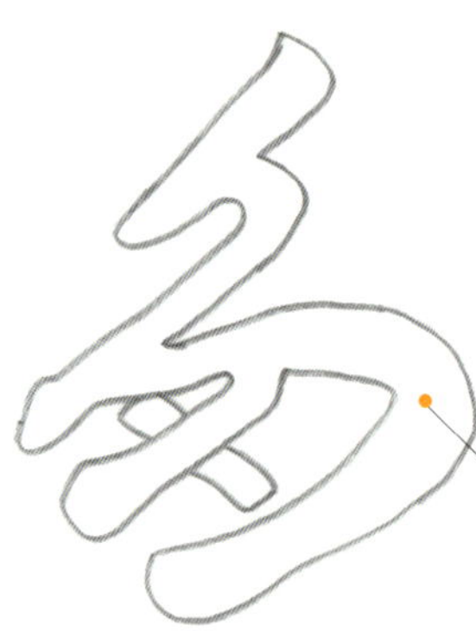

502
2올, 사선평수

자수기법 실번호

자수기법 _ 사선평수, 2올

실번호 _ 502, 350

502
2올, 사선평수

350
2올, 사선평수

자수기법 실번호

자수기법 _ 사선평수, 2올

실번호 _ 502, 3078, 350

502

2올, 사선평수

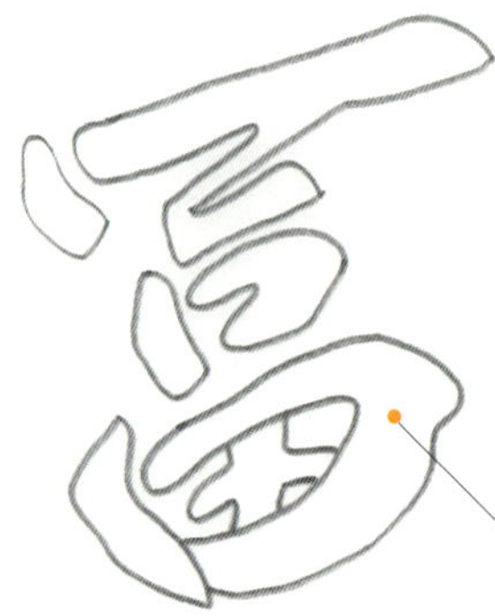

3078

2올, 사선평수

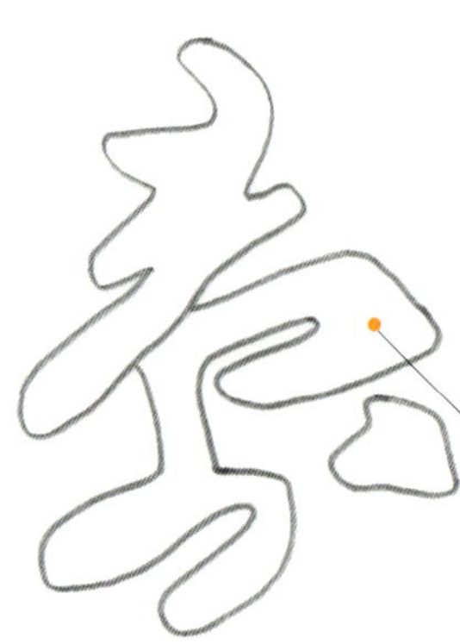

350

2올, 사선평수

자수기법
실번호

자수기법 _ 사선평수, 2올
실번호 _ 502, 350

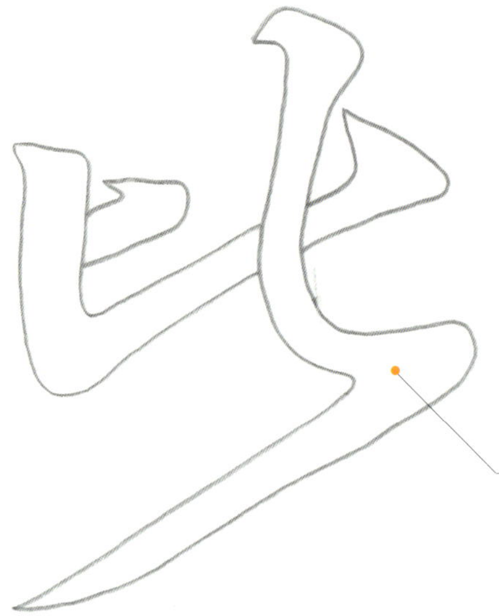

502
2올, 사선평수

350
2올, 사선평수

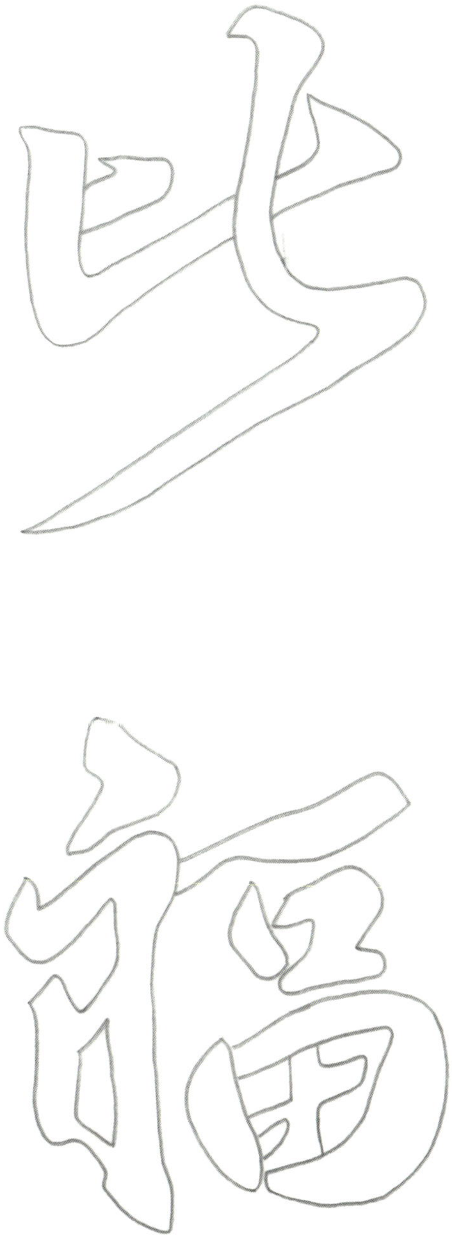

국화문

국화는 예로부터 세한삼우(歲寒三友), 또는 사군자(四君子)의 하나로 군자의 기상에 비유되어 각종 공예품의 장식문양으로 쓰여왔다. 꽃 색깔은 노란색 · 흰색 · 빨간색 · 보라색 · 주황색 등 품종에 따라 여러 가지가 있으며, 꽃이 피는 시기는 품종에 따라 조금씩 다르다.

세부사진

자수기법
실번호

자수기법 _ 꽃(자련수 · 평수 · 씨앗수, 1올), 봉우리(자련수 · 평수, 1올),
줄기(이음수, 2올), 잎(자련수, 1올)
실번호 _ 빨강(221), 분홍(601), 노랑(435), 녹색(320 · 522), 파랑(798)

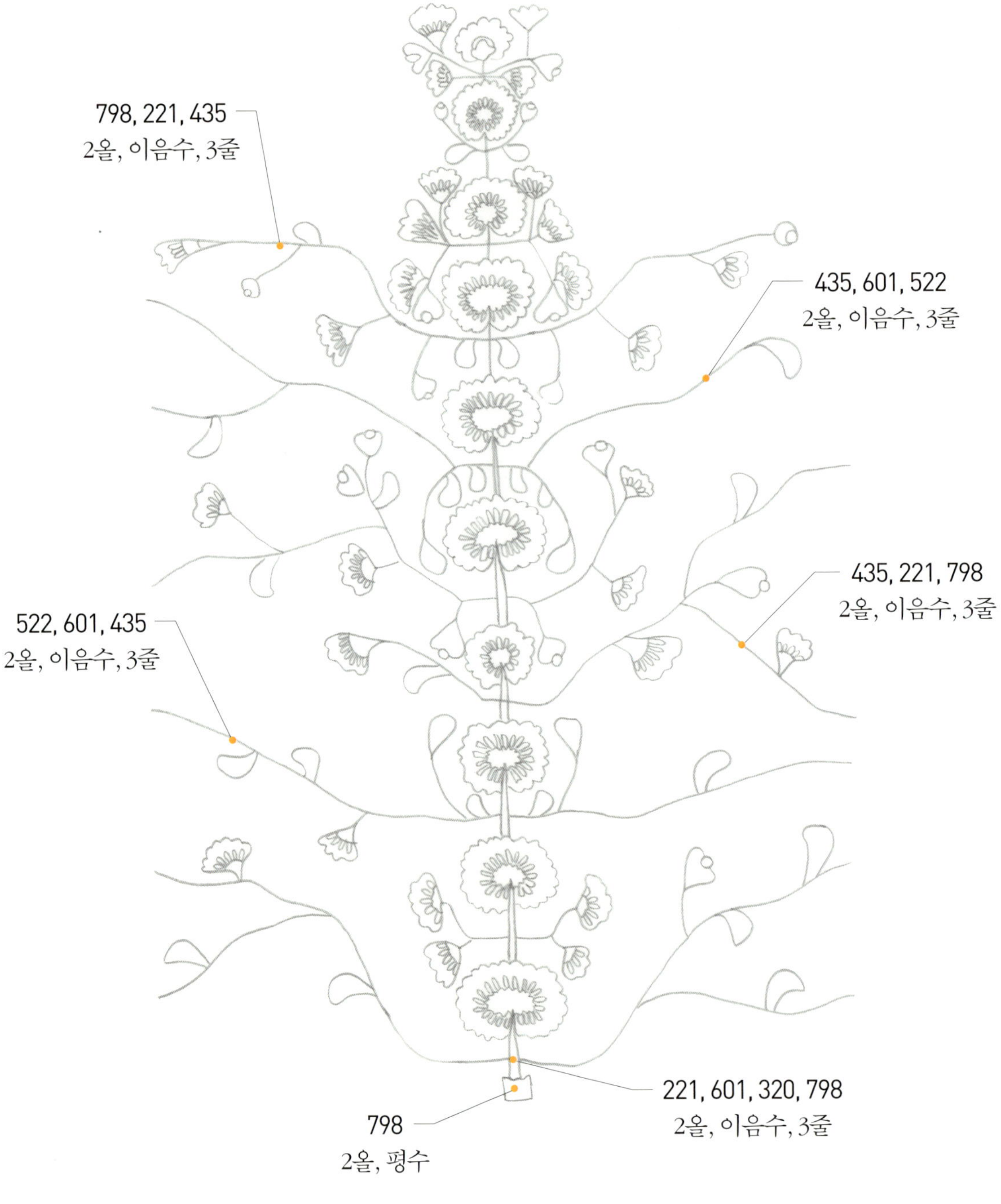

국화문 도안

화조도 1

조선시대 민화(民畵)는 해와 달, 나무, 꽃, 동물, 물고기 등을 소재로 행복하게 살고 싶은 서민들의 소망을 표현하였는데, 참신한 추상성과 색채, 구도가 돋보인다. 본 작품은 연꽃, 모란, 파초, 대나무 등 여러 종류의 화훼가 그려진 10폭의 화조도 민화에 나오는 연꽃 도안을 단순화하여 자수를 놓았다. 연꽃은 건강과 장수 그리고 행복을 상징하는 장식문양으로 많이 애용되었다.

세부사진

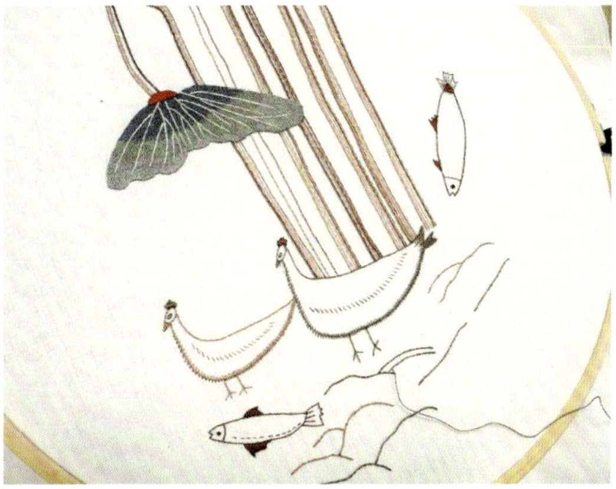

자수기법
실번호

실번호 _ 839, 3857, 3777, 3771, 3799, 3787, 645, 3362, 3363, 3364, 372, 632, 1올

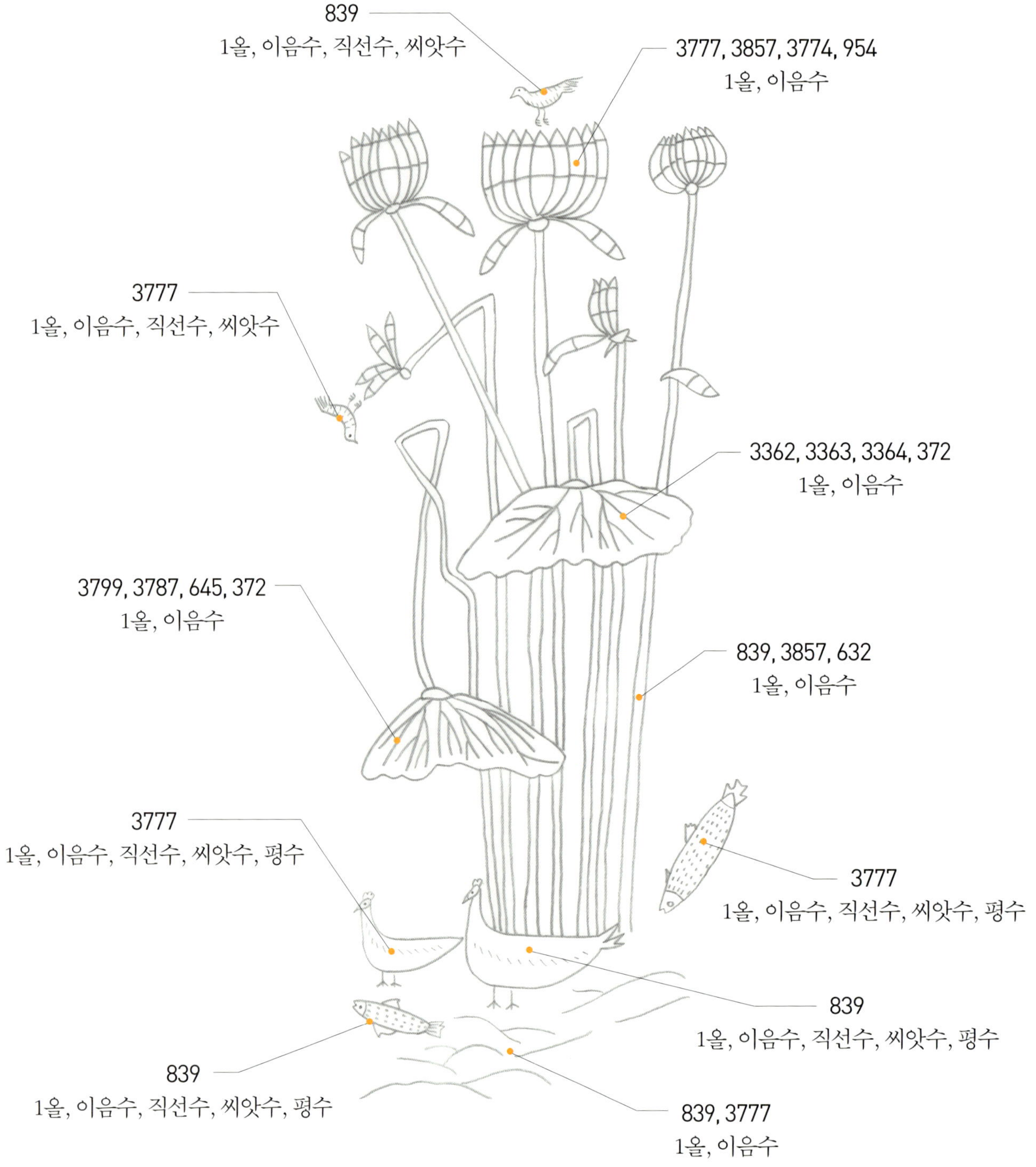

화조도1 도안

화조도 2

조선시대 민화(民畵)는 해와 달, 나무, 꽃, 동물, 물고기 등을 소재로 행복하게 살고 싶은 서민들의 소망을 표현하였는데, 참신한 추상성과 색채, 구도가 돋보인다. 본 작품은 연꽃, 모란, 파초, 대나무 등 여러 종류의 화훼가 그려진 10폭의 화조도 민화에 나오는 모란 도안을 단순화하여 자수를 놓았다. 모란은 부귀를 상징하는 길상문양으로 꽃이 아름답고 화려하여 그림이나 자수문양, 조각 등에 많이 애용되었다.

세부사진

자수기법 실번호

실번호 _ 451, 839, 841, 3777, 327, 522, 3364, 1올

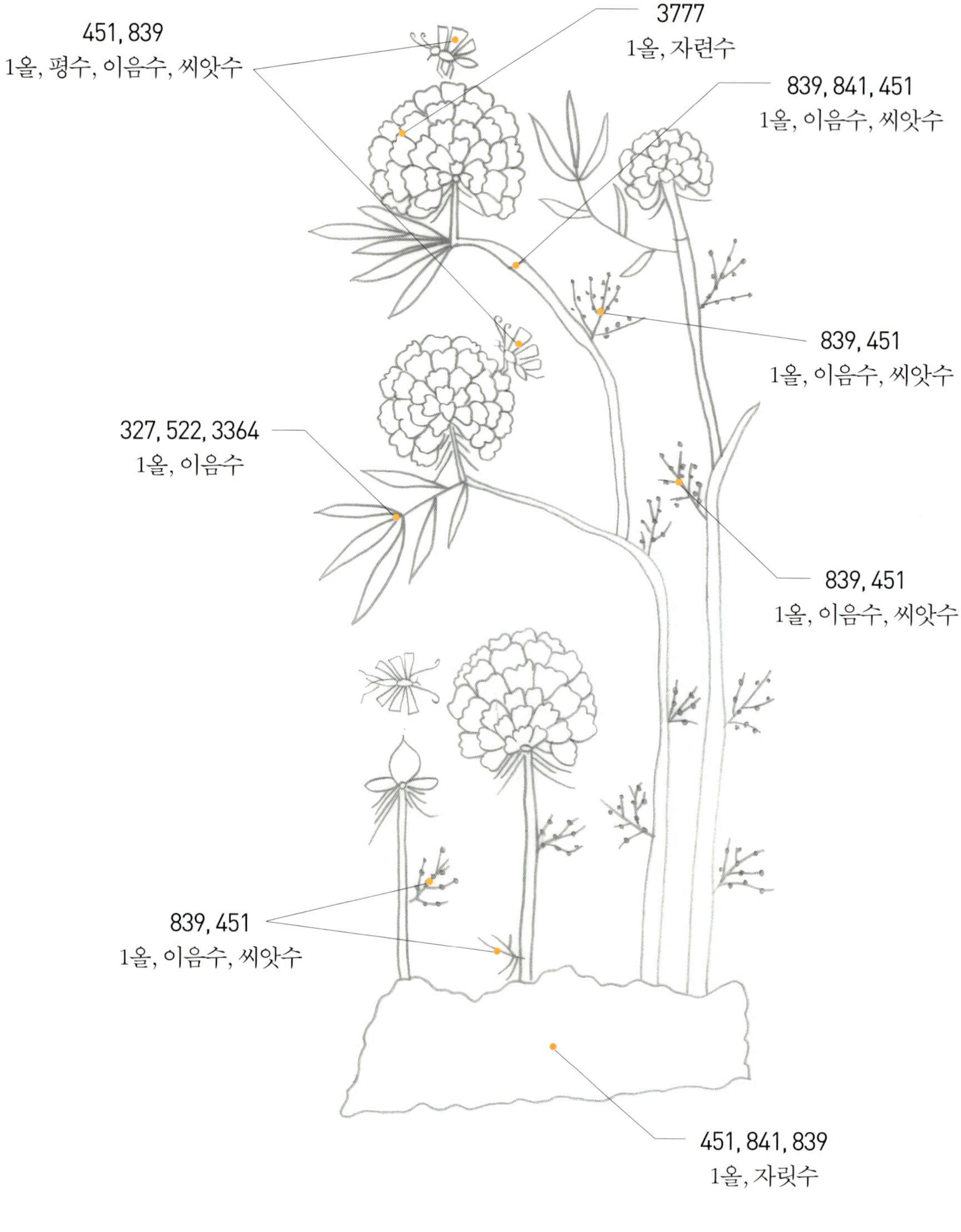

화조도2 도안

화조도 3

조선시대 민화(民畵)는 해와 달, 나무, 꽃, 동물, 물고기 등을 소재로 행복하게 살고 싶은 서민들의 소망을 표현하였는데, 참신한 추상성과 색채, 구도가 돋보인다. 본 작품은 연꽃, 모란, 파초, 대나무 등 여러 종류의 화훼가 그려진 10폭의 화조도 민화에 나오는 초롱꽃 도안을 단순화하여 자수를 놓았다.

세부사진

자수기법 실번호

실번호 _ 310, 730, 839, 840, 936, 3777, 3857, 1올

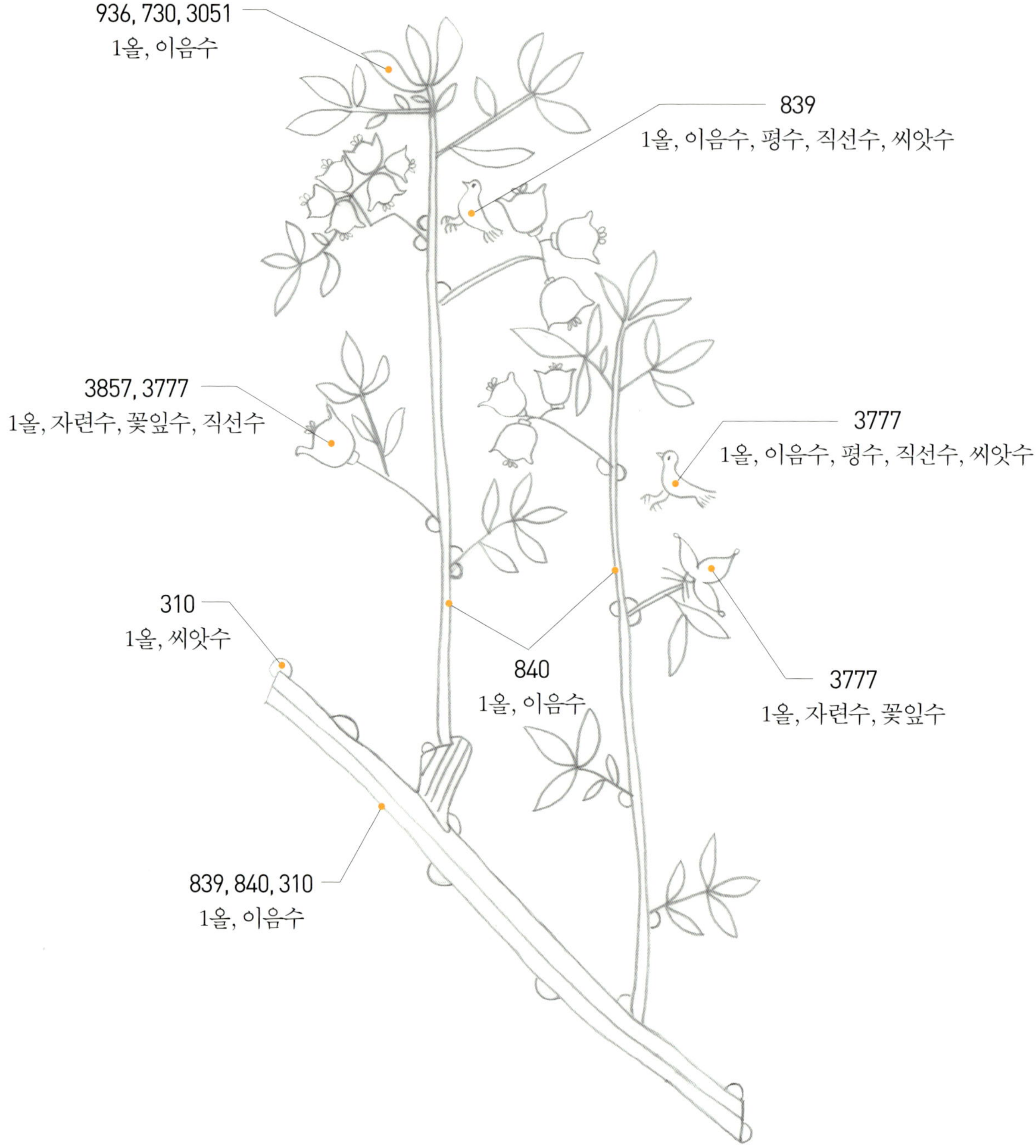

화조도3 도안

화조도 4

조선시대 민화(民畵)는 해와 달, 나무, 꽃, 동물, 물고기 등을 소재로 행복하게 살고 싶은 서민들의 소망을 표현하였는데, 참신한 추상성과 색채, 구도가 돋보인다. 본 작품은 연꽃, 모란, 파초, 대나무 등 여러 종류의 화훼가 그려진 10폭의 화조도 민화에 나오는 잎이 넓고 둥근 형태의 파초 도안을 단순화하여 자수를 놓았다.

세부사진

자수기법
실번호

실번호 _ 433, 221, 451, 839, 840, 841, 935, 936, 3052, 3362, 3364, 1올

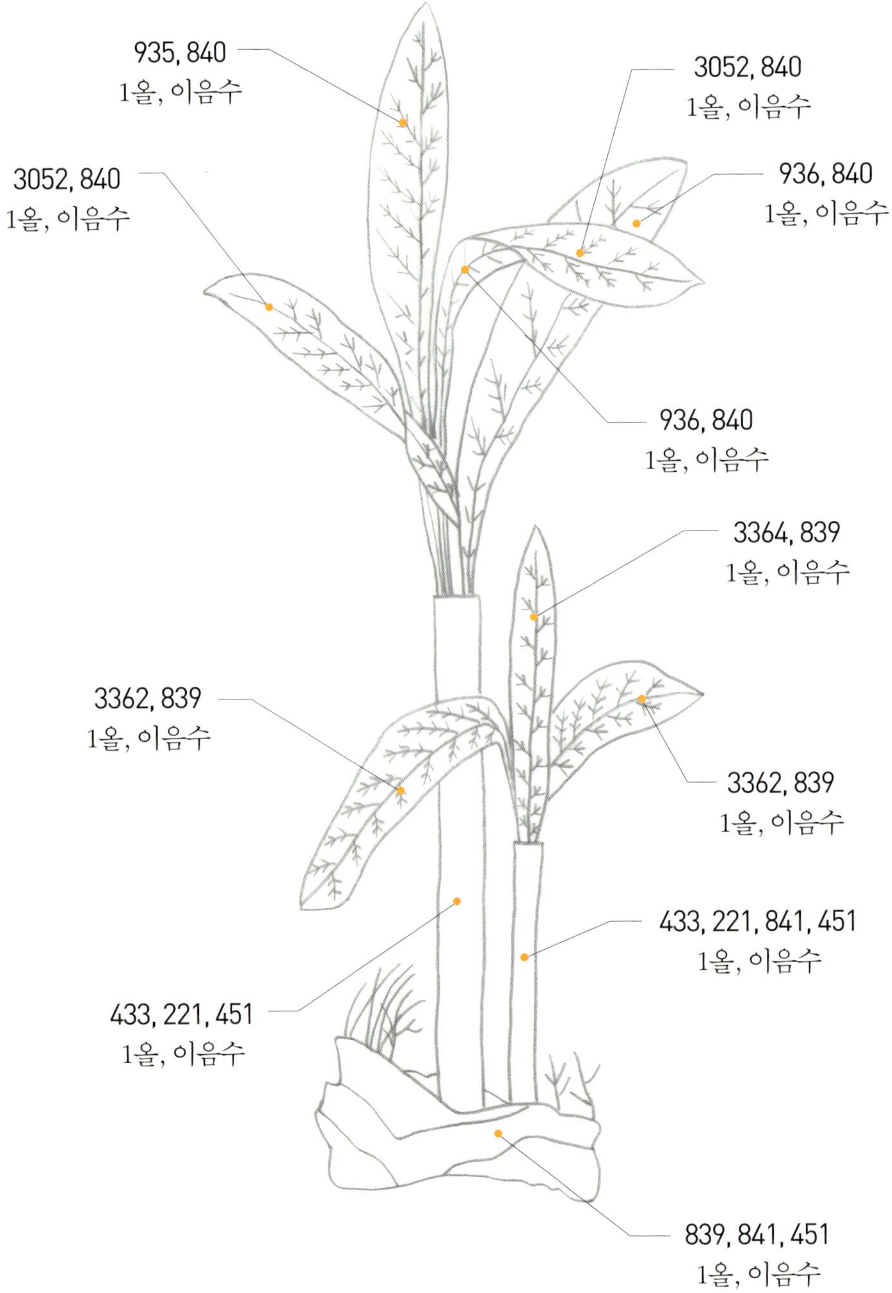

화조도4 도안

화조도 5

조선시대 민화(民畵)는 해와 달, 나무, 꽃, 동물, 물고기 등을 소재로 행복하게 살고 싶은 서민들의 소망을 표현하였는데, 참신한 추상성과 색채, 구도가 돋보인다. 본 작품은 연꽃, 모란, 파초, 대나무 등 여러 종류의 화훼가 그려진 10폭의 화조도 민화에 나오는 대나무(竹) 도안을 단순화하여 자수를 놓았다. 대나무는 사군자문(四君子紋)의 하나로 정절과 지조를 상징하는 문양으로 생활소품에 많이 애용되었다.

세부사진

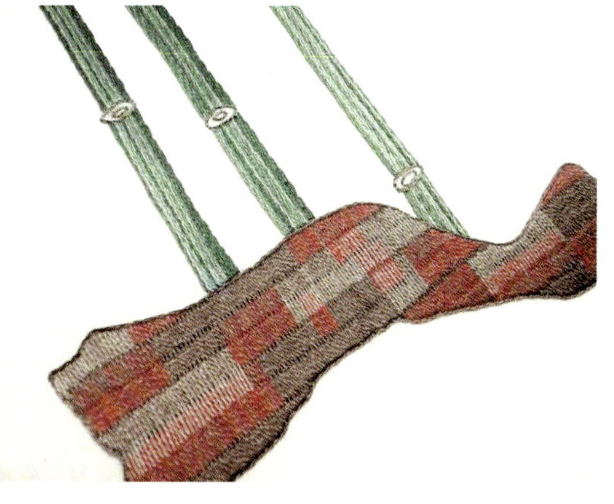

자수기법 실번호

실번호 _ 451, 3781, 3362, 3363, 3364, 841, 839, 221, 1올

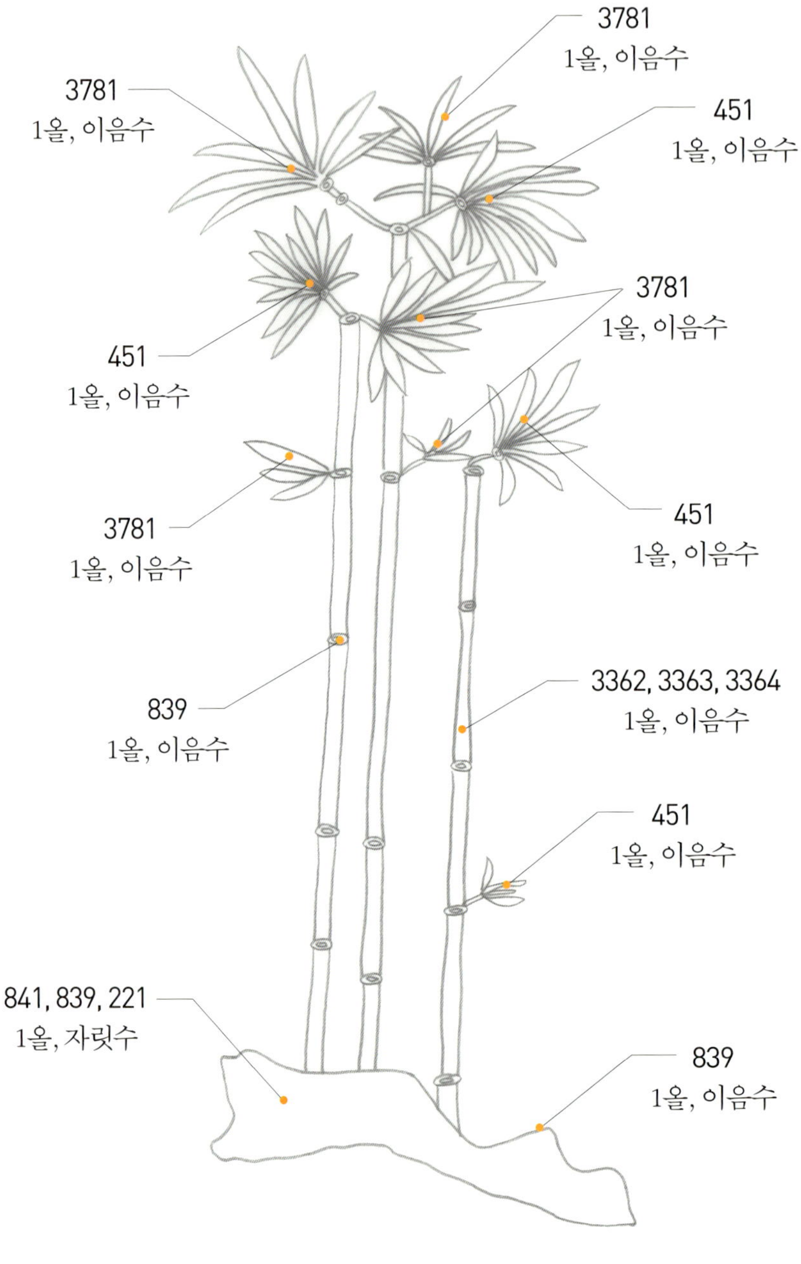

화조도5 도안